insel taschenbuch 4699

Per Egil Hegge

Norwegen von A bis Ø

Fjord, Holmenkollen, Ferienhütte, Skifahrer, Braunkäse ... Wissen Sie auch, was ein »Freiluftpils« ist? Oder ein »Lutefisk«? Was typisch norwegisch ist, bringt Per Egil Hegge anhand dieser und zahlreicher weiterer Beispiele auf den Punkt. Er klärt auf über Ursprung, Herkunft und Bedeutung sprachlicher Phänomene und Begriffe, die die moderne norwegische Gesellschaft ausmachen. Neben Natur, Essgewohnheiten und Sport geht es um »Ölreichtum« und »Wohlfahrtsstaat«, aber auch um weniger selbsterklärende Dinge wie den »Grilldress«, »Hjallis« oder die »Harrytour«. So entsteht ein breites Panorama von Sprache, Land und Leuten – unverzichtbar für alle Norwegen-Kennerinnen und -Kenner und solche, die es werden wollen.

Per Egil Hegge, geboren 1940, ist ein norwegischer Autor und Journalist. Er war lange Zeit Redakteur bei der größten norwegischen Tageszeitung *Aftenposten*. Er beschäftigt sich bevorzugt mit sprachlichen Phänomenen, u. a. schreibt er eine tägliche Sprachkolumne. Hegge ist zudem Autor zahlreicher Bücher.

Stefan Pluschkat, geboren 1982 in Essen, lebt als Literaturübersetzer aus dem Schwedischen, Norwegischen und Dänischen in Hamburg.

Nora Pröfrock, geboren 1981 in Duisburg, übersetzt aus dem Norwegischen, Schwedischen, Englischen und Dänischen. Sie lebt in Bergen, Norwegen.

Per Egil Hegge

NORWEGEN VON A BIS Ø

Aus dem Norwegischen von Stefan Pluschkat
und Nora Pröfrock

INSEL VERLAG

Die norwegische Originalausgabe erschien 2016 unter dem Titel
Den norske folkesjela. Ordene som forteller hvem vi er
im Kagge Forlag, Oslo.

Der Verlag dankt NORLA – Norwegian Literature Abroad
für die Förderung der Übersetzung.

2. Auflage 2025
Erste Auflage 2019
insel taschenbuch 4699
Deutsche Erstausgabe

Vertrieb durch den Suhrkamp Taschenbuch Verlag
Umschlag: Brian Barth
Umschlagabbildungen: Pauline Altmann, Berlin
Satz: Dörlemann Satz, Lemförde
Druck: CPI books GmbH, Leck
Printed in Germany
ISBN 978-3-458-36399-6

Insel Verlag Anton Kippenberg GmbH & Co. KG
Torstraße 44, 10119 Berlin
info@insel-verlag.de
www.insel-verlag.de

NORWEGEN VON A BIS Ø

VORWORT

Anfang der 1890er Jahre, als Karl Marx nicht mehr auf seine Unterstützung angewiesen war, unternahm Friedrich Engels eine Expedition nach Norwegen, um einer Frage nachzugehen, die ihn schon seit mindestens dreißig Jahren quälte: Wie war es möglich, dass ein Land mit drei Millionen Einwohnern, die gerade erst aus ihren Berghöhlen gekrochen waren und über keinerlei urbane Kultur verfügten, einen Beitrag zur Weltliteratur leistete, der sich mit den literarischen Schwergewichten aus Russland, England, Frankreich und Deutschland messen konnte?

Engels reiste nach Bergen und besuchte die Fjorde, und nachdem er die nackten, kahlen Berghänge gesehen hatte, an denen die Menschen kilometerweit vom nächsten Nachbarn entfernt lebten, kehrte er nach England zurück, wo er damals wohnte, und war auch nicht viel schlauer als vorher. Diese Norweger waren ein Völkchen für sich, so lautete seine einzige Erkenntnis.

Trotz der Modernisierung und des wirtschaftlichen Wachstums innerhalb der letzten einhundertdreißig Jahre lässt sich immer noch sagen, dass die Norweger ein Völkchen für sich sind. Auf ziemlich irritierende Weise scheinen sie damit vollkommen zufrieden zu sein – und bei der Klärung der Ursache zeigen sie sich nicht besonders hilfsbereit. Einen Hinweis liefert uns der Dichter Rolf Jacobsen, der Norwegen als »Andersland« bezeichnet. »Das meiste ist Norden«, heißt es in einem seiner Gedichte.

Unsere Lebensweise und Mentalität unterscheiden uns vom Rest Europas und lassen sich an ganz zentralen Begriffen und konkreten Alltagsphänomenen erkennen. In meiner fast sechzigjährigen Laufbahn als Journalist, in der ich lange Zeit auch als Auslandskorrespondent tätig war, habe ich mir oft die Frage gestellt, wie sich Norwegen für Außenstehende wohl am besten verständlich machen lässt. Ich bin mir nicht sicher, ob ich es weiß. Aber ich habe ein paar Phänomene aus dem norwegischen Alltag und der norwegischen Kultur genauer unter die Lupe genommen, um zu verstehen, wie sie diese sonderbare Nation am Rande des Eises geprägt haben und gleichzeitig ihr innerstes Wesen widerspiegeln. Möglicherweise haben sie die norwegische Mentalität mitgeformt. Genau darüber habe ich das vorliegende Buch geschrieben. Und ich staunte nicht schlecht, als es auch im Ausland Interesse weckte. Eigentlich hatte ich nur meinen von sich selbst eingenommenen Landsleuten einen frischen Blick auf die eigene Denk- und Lebensart ermöglichen wollen.

Inwiefern Modernisierung und Wirtschaftswachstum die norwegische Mentalität verändert haben, weiß ich nicht. Und ich würde behaupten, die meisten anderen Norweger wissen es genauso wenig. Vielen ist nicht einmal das ganze Ausmaß des ökonomischen Wachstums bewusst, seit im Dezember 1969 zum ersten Mal Öl in der Nordsee gefunden wurde – das größte Weihnachtsgeschenk aller Zeiten und der endgültige Beweis dafür, dass Gott (oder zumindest der Weihnachtsmann) Norweger ist.

1965, als der wichtigste norwegische Politiker der Nachkriegszeit, Einar Gerhardsen, nach insgesamt siebzehn Amtsjahren als Ministerpräsident zurücktrat, belief sich sein Jahresgehalt auf 69.000 Kronen (etwa 10.000 Euro). Das entsprach ungefähr dem, was eine dänische Kindergartenleiterin damals verdiente. Ihr Einkommen lag nur 3000 Kronen (ca. 450 Euro) darunter. 1973 war das Gehalt unseres Ministerpräsidenten bereits auf 110.000 Kronen (etwa 16.000 Euro) gestiegen und entsprach damit dem eines bei der Kommunalverwaltung angestellten Psychologen in Dänemark.

Zu diesem Zeitpunkt war die Ölproduktion in Norwegen noch gar nicht richtig in Gang gekommen, doch wir hatten schon begonnen, unsere zukünftigen Öleinnahmen auszugeben, und heute, fünfundfünfzig Jahre später, ist das Durchschnittsgehalt in Norwegen höher als in Schweden und Dänemark. Bei gleichzeitig niedrigeren Steuern.

Im Laufe dieser Entwicklung hat sich noch so manches andere verändert. Doch unsere Mentalität, wie sie in den norwegischen Volksliedern und Märchen zum Ausdruck kommt, ist in ihren Grundzügen gleichgeblieben. Und darin ähneln wir einer der europäischsten Nationen überhaupt, nämlich den Italienern. Italo Calvino schrieb im Vorwort zu seiner Sammlung italienischer Volksmärchen den berühmten Satz: »Le fiabe sono vere«, »Die Märchen sind wahr«.

Gleiches gilt vielleicht auch für unsere Lebens- und Denkweisen, die unseren Alltag prägen. Unveränderlich und unerschütterlich wie die norwegischen Berge begleiten sie uns durch jedwede Entwicklung, durch Wachstum und Wandel.

Oslo, August 2018
Per Egil Hegge

17. MAI ['sytənə 'maɪ]

Über die Feierlichkeiten am 17. Mai, dem norwegischen Verfassungstag, lässt sich leicht witzeln, und noch leichter ist es, die Redner des 17. Mai aufs Korn zu nehmen. Doch selbst die sachlichsten und tolerantesten Norweger fassen satirische Äußerungen zu ihrem Nationalfeiertag tendenziell als Unangemessenheit, Grenzüberschreitung oder gar Beleidigung auf – ja, fast wie einen Schlag oder einen Tritt unter die Gürtellinie. Vor allem, wenn solche Kränkungen von Nicht-Norwegern vorgebracht werden.

Norweger, die den 17. Mai im Ausland feiern, bekommen das besonders stark zu spüren. Ganz egal, um welches Ausland es sich handelt, die Einheimischen haben dort meist eine eher kritische Einstellung zu Paraden. Man geht gleich davon aus, dass gegen irgendetwas demonstriert wird – warum sonst der Aufwand? –, und in nicht wenigen Fällen und Ländern lautet der Tenor: viel zu riskant. Entweder man rottet sich zusammen und stellt Forderungen, oder man tut seine Unzufriedenheit mit mindestens einer anderen Gruppe kund. Für Norweger aber ist der 17. Mai der einzige Tag im Jahr, an dem sie wunschlos glücklich sind (Kinder, die mehr Eis haben wollen, halten wir hier mal außen vor) und trotzdem Paraden organisieren, in klarem und nationa-l(istisch)em Kontrast zu dem, was andere Länder veranstalten.

Wer der Ansicht ist, der Dichter Rolf Jacobsen gehe etwas zu weit, wenn er Norwegen als »Andersland« bezeichnet, muss ihm doch in einem Punkt recht geben: Die Feierlichkeiten am 17. Mai unterscheiden sich tatsächlich von entsprechenden Zeremonien in der restlichen Welt. Nicht-Norweger fragen sich sofort: Warum bestehen die Paraden fast ausschließlich aus Kindern? Wo ist die Militärparade? Wo bleiben die Düsenjäger, die in beeindruckenden Formationen über unsere Köpfe dahindonnern und mit dreifarbigen Streifen die Luft verpesten? Obwohl das Staatsoberhaupt zugleich oberster Befehlshaber der norwegischen Streitkräfte ist, lässt er die Paradeuniform ausgerechnet heute im Schrank? Gut, in der Hauptstadt werden ein paar Salutschüsse abgefeuert. Aber ansonsten?

Bei Nicht-Norwegern, die einen Ehrenplatz vor dem königlichen Schloss in Oslo ergattert haben, um den Kinderzug aus nächster Nähe zu verfolgen, sinkt die Begeisterung beträchtlich, wenn ihnen dämmert: Das Ganze wird noch ein paar Stunden dauern, und schließlich erreicht die Laune ihren endgültigen Tiefpunkt, sobald sie einsehen, dass sie vor dem Ende nicht dort wegkommen. Aber eine solche Ehre sollte, ja muss sogar mit höflichen, besser noch begeisterten Danksagungen gewürdigt werden. Schließlich hat nicht jeder die Gelegenheit, etwas mitzuerleben, was so einzigartig, aber im Grunde vor allem *anders* ist.

Ist Außenstehenden eigentlich klar, wie tief das bei uns sitzt? Dass man hierfür Norweger sein muss? Nicht für die Feierlichkeiten an sich, die können Ausländer sich durchaus angucken. Aber verstehen sie, dass die echte Anteilnahme, das Dabeisein mit Haut und Haar und ganzem Herzen, allein den Einheimischen vorbehalten ist? Einer, der das gesehen hat, mit resignierter und dennoch respektvoller Klarsicht, war der Psychiater Leo Eitinger (1912-1996), einer unserer verständigsten Einwanderer. Er war nur knapp den Schrecken von Auschwitz entkommen und wusste mehr als die meisten über die Gefahren des Andersseins, wenn die Geschichte plötzlich die Krallen ausfährt und ihre Zähne zeigt.

»Weißt du«, sagte er einmal zu einem norwegischen Bürger, der auch nicht zwischen Bergen, Fjorden und Meer aufgewachsen war, aber Norwegisch sprach und nach vielen Jahren im Land gut integriert war: »Was wir auch tun, weder du noch ich waren 1814 in Eidsvoll dabei und haben die Flagge geschwungen«, eine Anspielung auf die Nationalversammlung zu Beginn des 19. Jahrhunderts, bei der Norwegen ein eigenes Grundgesetz bekam.

Die Norweger sind nicht gerade dafür bekannt, Mauern zu errichten. Doch unter gewissen Umständen kann auch ein Kinderumzug mit all seiner Fähnchen schwenkenden Begeisterung regelrecht ausgrenzend wirken.

AGURKTID [aˈgʉrktiːd]

(SAURE) GURKENZEIT

Der norwegische Sommer ist so kurz und unbeständig, dass man ihn nutzen muss, solange er währt. Selbst Norweger, die mit Poesie nichts am Hut haben, wissen im Grunde ihres Herzens: »Die Sommernacht dürfen wir nicht verschlafen«, wie es in Aslaug Låstad Lygres Gedicht *Vi skal ikkje sova* (»Wir dürfen nicht schlafen«) heißt. Aus diesem Grund macht das ganze Land alles dicht, wenn die Nächte kürzer werden und die Kälte zu verschwinden droht. Dieser Zustand geht auch wieder vorbei, aber alles zu seiner Zeit, und was bis jetzt nicht erledigt wurde, kann getrost bis zum Ende der großen Ferien warten. Die stehen nämlich auf der Liste der norwegischen Menschenrechte ganz oben.

Nichtsdestotrotz passiert in dieser allgemeinen Ruheperiode gerade so viel, dass sich die Zeitungen füllen lassen. Jeden Tag. Wenn auch nicht im gleichen Umfang wie sonst, denn die Politiker und anderen Skandalstifter des Landes haben ebenfalls frei.

So erklärt sich der Ausdruck *agurktid*, Gurkenzeit. Je weniger passiert, desto wichtiger werden die kleinen, alltäglichen Begebenheiten des Lebens. Wie in guten alten Zeiten oder als Erinnerung an die bäuerliche norwegische Gesellschaft halten dann außergewöhnliche

Ereignisse aus der Landwirtschaft Einzug in sämtliche Nachrichtenmedien – selbst in urbanen Gegenden, die sich immer weiter ausbreiten. Eine Gurke ist aber nicht einfach eine Gurke. Sie hat eine Form, und ihre Idealform ist in einem wichtigen Dokument festgehalten, das von den Landwirtschaftsbürokraten in Brüssel für die ganze EU (samt Norwegen, denn alle EU-Verordnungen gelten auch für uns) aufgesetzt wurde: Eine Gurke darf nicht mehr als 15 Prozent Krümmung aufweisen. Jeder Redakteur – bzw. seine Sommervertretung, schließlich ist der Redakteur ebenfalls im Urlaub – weiß, dass eine krumm und schief gewachsene Gurke während der Sommerflaute als Spaltenfüller dient. Zum Spätsommer hin tun es auch seltsam aussehende Kartoffeln oder Möhren.

Was der Redakteur aber nicht weiß, und erst recht nicht seine Vertretung: Das Krumme-Gurken-Verbot stammt überhaupt nicht aus Brüssel. Streng genommen handelt es sich auch nicht um ein Verbot, sondern lediglich um eine Empfehlung, auf die die Brüsseler Bürokraten noch nicht mal von allein gekommen sind. Das Ganze ist so vernünftig, dass ein jeder EU-Gegner – und davon gibt es in Norwegen viele – wohl eine gewisse andere Quelle dahinter vermutet. Und das zu Recht. In Brüssel wurde ganz einfach eine dänische Landwirtschaftsverordnung von 1926 kopiert.

Nun wissen alle, die ein wenig mit der norwegischen

Geschichte vertraut sind, dass die dänischen Bürokraten sich die wundersamsten Dinge ausgedacht haben, vor allem jene Einfaltspinsel, die während der dänisch-norwegischen Unionszeit von 1380 bis 1814 nach Norwegen entsandt wurden, um die Bevölkerung unter dem Joch des Imperialismus stöhnen zu lassen. Die Verordnung gegen krumme Gurken jedoch hatte eine durch und durch logische Erklärung und zudem einen volkswirtschaftlichen Nutzen. Füllt man eine Kiste Gurken ausschließlich mit schnurgeraden Exemplaren, passen viel mehr hinein. Der Produzent spart Verpackung, was der ganzen Gesellschaft, also Land und Leuten und Steuerzahlern, zugutekommt.

Dass die Dänen mit ihrem unübertroffenen satirischen Talent am lautesten lachten und sich über die Dummköpfe im Brüsseler EU-Viertel am meisten lustig machten, ist ein gutes Beispiel für den ewigen Rundgang der Zeitungsmeldungen und das Unterlassen der kritischen Frage:

Wo hat das Ganze eigentlich angefangen? Die Antwort: Auf jeden Fall in der Gurkenzeit.

Und dass die Geschichte über die Gurkenzeit nun so lang geworden ist, obwohl sie eigentlich von gar nichts handelt, ist ein gutes Beispiel für die besondere Eigenart der Sommerflaute. Spezifisch norwegisch ist sie im Grunde auch nicht. Wo immer es Zeitungen gibt, die in den Sommermonaten nicht ganz so viel zu tun haben, ist sie unter den verschiedensten Bezeichnungen vertreten – die Briten verwenden den Ausdruck *The Silly Season*, in Deutschland spricht man bekanntlich von der *Saure-Gurken-Zeit*.

BLØTKAKE ['blø:tka:kə]

NORWEGISCHER FESTTAGSKUCHEN

Das Wort *bløtkake* ist unübersetzbar. Nicht einmal Schweden und Dänen, die des Norwegischen mächtig sind, verstehen es. Greift man auf die effektivste Methode der Fremdsprachenvermittlung zurück und präsentiert dem geneigten Lerner ein Anschauungsobjekt, sagt der Schwede: »Det där är en tårta – Das ist doch eine Torte.« Und wer käme schon auf die Idee, einer Torte eine so irreführende Bezeichnung wie *bløt kake*, wörtlich übersetzt »nasser Kuchen«, zu geben? Wurde er etwa in Wasser getunkt?

Ein Däne würde sagen: »Ach so! Ein *lagkage*!« Ein Kuchen (*kage*) mit mehreren Schichten (*lag*). Was soll daran nass sein?

Vielleicht wird das Ganze etwas klarer, wenn wir uns der soziologischen Dimension zuwenden und die Funktion des Kuchens an norwegischen Arbeitsplätzen betrachten. Geburtstage, Produktionsrekorde, ein neuer Vertrag zugunsten der Firma, Beförderungen, Verabschiedungen, Pensionierungen – all das erfordert mindestens einen *bløtkake*.

Der Status des *bløtkake* als Festtagsspeise, ja mehr noch, als regelrechte Ehrerweisung, lässt sich wunderbar anhand einer Geschichte verdeutlichen, die ich einer Kollegin, der Journalistin Mona Levin, zu verdanken habe. Sie zeigt, dass es selbst älteren Semestern bisweilen zu viel der Ehre werden konnte. Der stattliche und wummernde Protagonist dieser Geschichte ist der finnische Basssänger Kim Borg, der sich mit Monas Vater, dem Pianisten Robert Levin, auf Norwegen-Tournee befand. Hätte es die sogenannten Reichskonzerte (*Rikskonsertene*) damals schon gegeben – eine vom norwegischen Kulturrat ab 1967 gestiftete Institution, die das ganze Land mit künstlerisch wertvoller Livemusik versorgt –, so wäre die Tournee sicherlich in deren Rahmen arrangiert worden. Doch die Geschichte trug sich vorher zu, das heißt, in den entlegenen Orten, in denen das Duo damals gastierte, waren Konzertmusiker noch eine ausgesprochene Seltenheit.

Komposita mit *riks-* sind im Norwegischen übrigens trotz ihrer Patina immer noch in Gebrauch und durchaus verbreitet. Natürlich haftet ihnen das Problem an, dass sie an das Dritte Reich erinnern und eine Zeit heraufbeschwören, in der Norwegen und Deutschland auf eher unschöne Weise miteinander zu tun hatten. Da es aber schon das umherreisende Reichstheater (*Riksteatret*) gab, ganz zu schweigen vom Norwegischen Reichsrundfunk (*Norsk Rikskringkasting*, NRK), schien es nur natürlich, dass der musikalische Ableger entsprechend *Reichskonzerte* getauft wurde.

Aber zurück zu unseren beiden Reisenden: In einer

Zeit vor staatlich subventionierten Konzerttourneen stellte ihr Besuch verständlicherweise ein großes lokales Ereignis dar, und so waren Borg und Levin im Anschluss an die Konzerte jeweils beim Vorsitzenden des örtlichen Kulturvereins eingeladen, zusammen mit einem erlesenen Kreis musikliebender Ehrengäste. Der Speiseplan war nicht sehr abwechslungsreich, serviert wurden Kaffee und *bløtkake*, den die Hausherrin stets selbst gebacken hatte, und weder am Handwerk noch am Fettgehalt der Sahnecreme gab es großartig etwas auszusetzen. Unterm Strich war die Menge an *bløtkake*, die es Abend für Abend zu vertilgen galt, jedoch schier überwältigend. Die beiden Musiker waren nach ihren Auftritten immer sehr hungrig, und ihnen blieb nichts anderes übrig, als sich an *bløtkake* satt zu essen. Noch dazu musste die Gastgeberin selbstverständlich mit uneingeschränktem Lob für den prächtigen Kuchen überschüttet werden.

Eines Abends aber war das Maß voll. Als Kim Borg, den Mund einmal mehr voller Sahnekuchen, die wohl etwas zu zwitschernde Frage gestellt bekam: »Ist es nicht furchtbar anstrengend, tagelang so herumzureisen und Konzerte zu geben, Herr Borg?«, ging es mit ihm durch.

Der Sänger schluckte das Schlimmste hinunter, spülte mit einem Schluck Kaffee nach, und dann kam es: »Doch, doch. Ohne Alkohol wäre das wohl auch nicht möglich.«

Das war zu einer Zeit und in einer Gegend, in der die DNT-Ideologie noch heiliggehalten wurde, und wir reden hier nicht etwa vom norwegischen Wanderverein *Den Norske Turistforening*, der Norwegern heute wohl als Erstes in den Sinn kommt, sondern von *Det Norske Totalavholdsselskap*, der norwegischen Totalabstinenzgesellschaft. Entsprechend fiel der Applaus für diesen Gesprächsbeitrag etwas spärlicher aus als für das vorangegangene Konzert. Die beiden Musiker entschuldigten sich damit, dass sie müde seien und am nächsten Tag ein straffes Programm hätten, und brachen auf.

Falls die beiden den Verdauungsschnaps nicht ohnehin schon griffbereit in der Tasche trugen, so stand er mit Sicherheit im Pensionszimmer bereit, wenn sie denn so weit kamen. Wir dürfen wohl annehmen, dass der urnorwegische *bløtkake* an diesem Abend so ausgiebig mit fremdländischen Zutaten – vor allem schottischen Ursprungs – durchtränkt wurde, das am Ende nicht mehr viel davon übrig war.

BLÅ SWIX ['blo: 'svɪks]

Auf der mühsamen Suche nach dem *besten Skiwachs* wurde bereits viel ausprobiert. Damit ein Produkt dieses ehren- und zugleich verheißungsvolle Prädikat verdient, gilt es, zwei diametral entgegengesetzte Bedürfnisse unter einen Hut zu bringen: wenig Reibung beim Gleiten bei möglichst guter Haftung – also so viel Reibung wie nur geht –, wenn die Skier stillstehen. Nachdem ursprünglich vor allem Teer verwendet wurde, experimentierte man im Laufe der Zeit unter anderem mit ausrangierten Grammophonplatten (Vinyl) in gekochtem Zustand. Aber auch das war noch verbesserungswürdig.

Das unerbittliche Streben nach Fortschritt in Kombination mit einem nahezu unbegrenzten Budget, wie man es aus der Glanzzeit der sowjetischen Raumfahrt kennt, brachte zu Beginn unseres dynamischen Jahrhunderts eine rollende Wachsstation in der Größe eines Langstrecken-Lkws mit zwei Etagen und Balkon hervor. Nach dem Fiasko bei den olympischen Winterspielen 2006 in Turin war das für die norwegische Skimannschaft eine deutliche Verbesserung. Die Medaillenernte war damals eher dürftig ausgefallen, was wohl nicht nur daran lag, dass die norwegische Wachsstation keine Fenster hatte. Ein bisschen aber schon. Die Konstrukteure und das

Wachspersonal hatten nämlich vergessen – oder womöglich nie davon gehört –, was man Nachwuchsmeteorologen vor ihrem allerersten Fernsehauftritt immer wieder einbläut: »Nach einem Blick auf die Wetterfronten, die Hoch- und Tiefdruckgebiete, die lokalen Temperaturangaben, die Luftströme mit Windgeschwindigkeit und Windrichtung sollte man vor Beginn der Sendung unbedingt noch einen Blick aus dem Fenster werfen.« Ein entsprechender Rat wird gern auch Volkswirten erteilt, bevor sie ihrer nächsten Wirtschaftsprognose den letzten Schliff geben.

Im Sommer 2014 kündigte der norwegische Skizubehörhersteller Swix den Bau einer Wachsstation von solidem Ausmaß an: Zehntausend Quadratmeter Produktions- und Verkaufsfläche sollten entstehen. Ein Jahr später, am 21. August 2015, fand in Lillehammer die Eröffnung statt, und das Gebäude wurde nicht etwa prosaisch nach dem Bestseller der Firma *Blå-Swix-Station* getauft, sondern *Blåswixbutikken Concept Store.* Die reinste Poesie, verfeinert mit einer Prise sprachlicher Weltgewandtheit und wunderbar passend zur Jahreszeit. Mitte August rücken in Norwegen nämlich allmählich die kühlen Abende näher, die bereits für das erste Halskratzen sorgen. Von da an werden sie immer länger und erinnern uns daran, dass der leise rieselnde Schnee nicht mehr weit entfernt ist und – o Freude! – die Skisaison bald kommt.

Für alle, die ihre Skier auf nicht ganz so hohem Niveau wachsen, vielleicht sogar auf so niedrigem, dass sie nicht einmal über eine kleine Privatwachsstation in der Garage verfügen, geht nichts über das allseits beliebte Skiwachs Blå Swix. Ein Norweger, der nie davon gehört hat, ist kein echter Norweger.

Bei uns weiß jedes Kind, dass dieses Skiwachs wie gemacht für Skiwanderungen und klassischen Langlauf bei Minusgraden auf trockenem Schnee ist, kurzum, bei Bedingungen wie aus der Touristenbroschüre, bei denen nicht einmal Bürohengste aus den Skiwachschefetagen, die viel zu selten an die frische Luft kommen, irgendetwas falsch machen können. Die kleinen 45-Gramm-Döschen kosten 89 Kronen (umgerechnet ca. 9,50 Euro). Das macht einen Kilopreis von knapp 2000 Kronen (ca. 215 Euro). Jeder norwegische Skiläufer würde eher eine Stange Skiwachs fressen, als auch nur anzudeuten, dieser Preis sei überteuert.

Umsonst gibt es nur wenig im Leben, und niemand kann mit einem Goldregen über den norwegischen Langlaufloipen rechnen, ohne etwas dafür zu investieren. Wachs sonst?

BIRKEN ['bɪrkən]

DAS BIRKEBEINER-LANGLAUFRENNEN

In gewisser Weise ist dieses Wort mit Blå Swix (siehe vorheriges Kapitel) verwandt, und zwar nicht nur wegen des dazugehörigen und natürlich absolut notwendigen Concept Stores bei Lillehammer.

Strukturell gehört es in dieselbe Wortgruppe wie *bil*, Auto – *Birken* ist nämlich die Abkürzung von *Birkebeineren*, was wiederum die Abkürzung von *Birkebeiner-skirennet* ist, dem Namen eines jährlich stattfindenden Langlaufrennens von Rena im Østerdalen übers Gebirge hinunter nach Lillehammer im Gudbrandsdalen. Die Strecke umfasst vierundfünfzig Kilometer und folgt im Großen und Ganzen der Route, die eine Gruppe der sogenannten *Birkebeiner* im Jahr 1206 nahm, um den zweijährigen Königssohn Håkon Håkonsson vor ihren Gegenspielern, den Baglern, in Sicherheit zu bringen. Die Birkebeiner waren eine politische Widerstandsgruppe im norwegischen Bürgerkrieg, und ihr Name geht auf die Birkenrinde zurück, die sie sich zum Schutz vor der Kälte um Waden und Schienbeine banden – eine wirkungsvolle Maßnahme bei Niedrigtemperaturen auf unwegsamem Gelände und ein gutes Beispiel für den Nutzen, den ein Leben im Einklang mit der Natur mit sich bringt. Im Grunde aber war es ein Zeichen von

Armut, sie hatten ganz einfach nichts anderes, und ursprünglich war *Birkebeiner* eine herabsetzende Bezeichnung.

Den allermeisten Nicht-Norwegern ist der Sinn langer Skiwettläufe ein Rätsel, wie so vieles typisch Norwegisches. Ein paar rudimentäre Geschichtskenntnisse reichen jedoch aus, um die Ursprünge und anhaltenden Folgen dieses Wettkampfes zu verstehen. Im Jahr 1177 standen die Birkebeiner als Verbündete von König Sverre kurz vor der Machtübernahme, doch erst 1217, als Sverres Enkel Håkon im Alter von dreizehn Jahren zum König ernannt wurde, erlangten sie die vollständige Kontrolle über das Land und behielten sie bis zum frühen 14. Jahrhundert.

König Sverre hatte »Rom widersprochen«, wie es in der norwegischen Nationalhymne *Ja, vi elsker* (»Ja, wir lieben«) heißt. Die Zeile bezieht sich auf Sverres Konflikt mit der katholischen Kirche in Rom, die dem von ihm besiegten König Magnus Erlingsson die Treue hielt. Nachdem der Erzbischof von Norwegen sich weigerte, Sverre kirchlich zu krönen, warf dieser ihn kurzerhand aus dem Land und zwang den Bischof von Oslo dazu. Obwohl der Papst ihn bereits mit dem Kirchenbann belegt hatte, ließ sich Sverre nicht daran hindern, sein Königtum weiterhin von Gott abzuleiten. Der päpstliche Bann sei eine Fälschung, erklärte er öffentlich, der Papst habe den Kirchenbann in einem Brief wieder aufgehoben.

Mit diesem Eigensinn legte Sverre den Grundstein für eine Haltung, die volle sieben Jahrhunderte überdauern sollte: Wenn man so will, knüpft das doppelte Nein der Norweger zur Unterzeichnung der Römischen Verträge, also zum EG- bzw. EU-Beitritt, in den Volksabstimmungen 1972 und 1994 an Sverres Widerworte gegen Rom an.

Wären König Sverres Birkebeiner vor 800 Jahren auf ihrer Wintertour zur Rettung des jungen Thronfolgers nicht in halbwegs konkurrenzfähiger Form gewesen, hätte die norwegische Geschichte vielleicht einen völlig anderen Lauf genommen.

Da ist es doch das Mindeste, dass heute Tausende Norweger Winter für Winter (in etwa) den gleichen Weg einschlagen und den tapferen Männern auf diese Weise ein Denkmal setzen – und obendrein halten sie sich dadurch in Form. Denn nicht genug mit den vierundfünfzig Kilometern, die es zurückzulegen gilt, die Teilnehmer müssen auch einen Rucksack tragen, der bei Überquerung der Ziellinie drei Komma fünf Kilo wiegen soll.

Gestartet wird in aller Herrgottsfrühe, eine echte Herausforderung, wenn man erholt und mit gut präparierten Skiern antreten will. Viele Teilnehmer werden in Schlafsälen »einquartiert«, wo sie die Nacht vor dem Rennen auf dem Fußboden verbringen. An Ruhe ist kaum zu denken: Die einen müssen im Laufe der Nacht zur Toilette – etliche Teilnehmer haben ihren Frühling bereits hinter sich –, die anderen müssen noch mal vor die Tür, um nach der Temperatur zu sehen und eventuell ein anderes Skiwachs aufzutragen. Beim Startschuss sind die wenigsten also richtig ausgeschlafen, alle hingegen gespannt wie die Flitzebögen, und so gehört es sich auch bei einem Vorhaben dieser Art, bei dem man immerhin auf Zack sein muss. 2017 fand das Birken am 17. März statt, anmelden konnte man sich schon im Sommer 2016, und die Startgebühr betrug 1295 Kronen (etwa 140 Euro).

Als vernunftbegabter Mensch sollte man eigentlich meinen, dass pro Jahr *eine* solche Veranstaltung genügen würde. Doch mit Vernunft kommt man hier nicht weit: Zum erweiterten Birkebeinerbegriff – womit wir uns nun ein gutes Stück vom 13. Jahrhundert entfernt haben – gehört ein Langstrecken-Radrennen namens *Birkebeinerrittet*. Anstelle von vierundfünfzig Kilometern auf Skiern werden hier sechsundachtzig Kilometer mit dem Mountainbike zurückgelegt, über Gebirgspfade, die zwar schneefrei, aber durchgehend von zweifelhafter Beschaffenheit sind. 2016 betrug die Anmeldegebühr 1250 Kronen (etwa 135 Euro), was einen deutlich niedrigeren Kilometerpreis ergibt.

Der Rabatt scheint durchaus berechtigt, denn die Erweiterung auf die Sommersaison (2016 fand das Radrennen am 27. August statt) zog unbeabsichtigte Folgen nach sich: In einem Jahr gab es so viel Niederschlag, dass weite Teile der Strecke in tiefem Matsch versunken waren und die Teilnehmer von oben bis unten vollgespritzt wurden. Natürlich landete der eine oder andere mit Tierexkrementen gewürzte Schlammspritzer zwangsläufig auch im Mund, und bei vielen führte diese naturromantische Begegnung zu längerfristigen Beschwerden, die das tragende Mantra der Sportwelt »Mens sana in corpore sano« ad absurdum führten.

Im Grunde lassen Norweger sich mit deutlich weniger Aufwand von den Vorzügen des Winters überzeugen, selbst jene, die es in der kalten Jahreszeit vor allem aufs Sofa zieht. Nur wenige Dinge sind im Bewusstsein der Norweger reiner und weißer als Schnee, und eine matschige, kotbraune Radrennstrecke kann dagegen erst recht nicht anstinken. Zudem konnte das Winterrennen kürzlich wieder seinem königlichen Ursprung gerecht werden: Der norwegische Thronfolger, Kronprinz Haakon, trat sowohl 2015 als auch 2016 in der Altersgruppe 40-44 an, und 2016 gesellte sich sein dänischer Verwandter und Kollege Kronprinz Frederik dazu. Beide absolvierten das Rennen, und trotz seiner Erfahrungen bei der SIRIUS-Patrouille, einer Eliteeinheit der dänischen Streitkräfte zur Verteidigung Grönlands, die lange und anstrengende Hundeschlittenfahrten im Geiste des Polarforscher Knud Rasmussen durchführt, unterlag der dänische Kronprinz mit fast einer Stunde.

Das lässt sich wohl kaum anders als mit dem stark verdünnten französischen Blut im norwegischen Königshaus erklären (siehe Folkekongen, Seite 96).

Aller guten Dinge sind drei, und auf der Suche nach Inspiration für einen dritten jährlichen Wettkampf blickte man im historisch orientierten Lillehammer noch ein Stück weiter zurück in die Vergangenheit: Jedes Jahr im Juni wird dort ein Langstreckenlauf namens *Birkebeinerløpet* abgehalten, vom Birkebeiner Skistadion bis zur Håkons Hall. Die Strecke umfasst einundzwanzig Kilometer, was fast genau einem Halbmarathon entspricht.

Damit hat die erfahrene Olympiastadt nun etwas vorzuweisen, was der routinierte Aufsatzschreiber mit »Schon die alten Griechen …« einleiten würde.

BRUNOST ['brʉ:nʊst]

BRAUNKÄSE

Zu den norwegischen Lebensmitteln, denen Nicht-Norweger eine Mischung aus Skepsis und tiefem Unglauben entgegenbringen, zählt unter anderem der norwegische Braunkäse. Einzige Ausnahme sind die Japaner, die den *brunost* als eine Art Naschwerk behandeln, vor allem die ziegenmilchfreie Variante. Vor dem Hintergrund, dass in Japan so gut wie kein Brot gegessen wird, ist das auch durchaus nachvollziehbar: Es erscheint doch gleich viel einfacher und zweckdienlicher, sich ein Stück Braunkäse zu einem kleinen Klumpen zusammenzurollen und wie ein Bonbon zu lutschen, als eine exotische Scheibe Brot damit zu belegen. Doch Japan ist für uns Nordländer eine kulturfremde Nation. Im Grunde brauchen wir gerade mal den Skagerrak, die Meerenge zwischen Norwegen und Dänemark, zu überqueren, um von fremdländischen Eingeborenen einen Daumen runter für unseren Braunkäse zu kassieren und stattdessen ein Loblied auf ordentlichen Brotbelag wie Rollwurst und gelben Käse vorgetragen zu bekommen. Letzterer ist oft so scharf und stinkend, dass er seinen miefigen Namen *Gamle Ole*, zu Deutsch »Alter Ole«, mehr als verdient.

Auch der Käsehobel – genau wie die Büroklammer

eine norwegische Erfindung – steht anderenorts nicht besonders hoch im Kurs, und erst recht nicht das Gebot »Schön ordentlich vom Käse abschneiden!« Das findet man als stilvoll gestalteten Schriftzug auf norwegischen Käsetellern, meist in gotischen Lettern, die das Banner der Tradition hochhalten und eine ehrenhafte Vergangenheit heraufbeschwören. In dieser Aufforderung verbirgt sich eine Mahnung: Eigentlich ist damit gemeint »Schön dünn vom Käse abschneiden!« In Norwegen musste gespart werden, nicht nur zu Zeiten des Hungerbrots, und sowohl Gegenstände als auch Essensvorräte sollten mehr als nur ein paar Tage halten.

Wie so viele andere Milcherzeugnisse ist der Braunkäse ein Produkt früherer Bestrebungen, durch Veredelung möglichst viel aus der Milchmenge herauszuholen. Da ist es Kari und Ola Nordmann, dem norwegischen Pendant zu Herrn und Frau Mustermann, egal, dass Nicht-Norweger im Zusammenhang mit Braunkäse ein Wort wie *edel* wohl kaum in den Mund nehmen würden. Ein Lebensmittel ist nun mal, wie der Name schon sagt, ein Mittel zum Leben, und das soll sich möglichst lange halten (siehe Lutefisk, Seite 139).

BRUSTADBUA ['brʉːstaːd'bʉːa]

BRUSTAD-LADEN

Bis 1981 war es in Norwegen undenkbar, an Sonn- und Feiertagen einzukaufen. Damals hatten die Supermärkte nicht einmal werktags nach siebzehn Uhr geöffnet, erst die aus Dänemark stammende Verbraucher- und Verwaltungsministerin Astrid Gjertsen (geboren 1928) in Kåre Willochs Minderheitsregierung (1981-1986) wagte das Experiment mit erweiterten Öffnungszeiten. Das Bild abgehetzter junger Eltern, die sich in der kurzen Zeit zwischen Feierabend und Ladenschluss in den Lebensmittelgeschäften drängten, stellt mittlerweile eine fast ebenso ferne Erinnerung dar wie Milch in Glasflaschen und Straßenbahnschaffner. Der Verlust ist zu verschmerzen.

1997 folgte Thorbjørn Jaglands Regierung Gjertsens Ansatz und setzte sich für die Einführung neuer Supermärkte ein, die auch an Sonn- und Feiertagen öffnen. Kioske durften das bereits, und für die neuen Läden galt entsprechend eine Begrenzung von einhundert Quadratmetern Grundfläche. Der Vorschlag kam vom Jugend- und Familienministerium, und die Ministerin Sylvia Brustad (geboren 1966) wurde zur Namensgeberin für die Initiative. Im Folgenden sprach man nun vom sogenannten *brustadbua*, Brustad-Laden.

Sylvia Brustad, die bis zur Parlamentswahl 2009 eine zentrale Rolle in der norwegischen Politik spielte, leitete der Reihe nach vier Ministerien und war selbst ironischerweise gar keine Fürsprecherin der Idee, die ihr Ministerium vorlegte. Da Loyalität in ihrer Partei, der sozialdemokratischen Arbeiderparti, jedoch als Tugend gilt, gab sie das bis zum Ende der Legislaturperiode nicht öffentlich bekannt.

Damit auf den abgezählten Quadratmetern der Brustad-Läden ein möglichst großes Warensortiment Platz findet, sind die Supermärkte so eingerichtet, dass die Kunden dort zwangsläufig auf Tuchfühlung miteinander gehen. Mit anderen Worten: Die Gänge zwischen den Regalen sind extrem eng. Eine weitere Konsequenz sind die Plastikbänder, die sonntags in größeren Märkten zur Absperrung bestimmter Ladenbereiche aufgehängt werden. Hier bekommt der Kunde dann zuweilen sogar den Extraservice, dass ihm Waren von der »falschen« Seite der Absperrung herübergebracht werden, sofern er das wünscht.

Wie man sich denken kann, hat all das zu Forderungen nach einer Abschaffung der Einhundertquadratmetergrenze geführt, die für die meisten Norweger eine ähnliche Komik besitzt wie der Hundert-Morgen-Wald in *Pu der Bär*. Ein kreativer Umgang mit der Plastikabsperrung hat die verschiedenen Supermarktketten zudem veranlasst, sich gegenseitig Klagen anzudrohen, dabei stehen sie sich in Sachen Kreativität in nichts nach. So blieb es denn bisher auch bei den Drohungen.

Doch auch 2016 ging das Parlamentsjahr wieder ohne einen Beschluss zu Ende, der den Brustad-Laden auf den Schrotthaufen der Geschichte befördert hätte. Der Begriff ist ohnehin längst in die norwegische Geschichte eingegangen, selbst wenn Sylvia Brustad 2013 ihren Übergang in die Privatwirtschaft verkündete und Geschäftsführerin der Aker Kværner Holding AS wurde, eines Schlüsselunternehmens im Firmenuniversum des Finanzmoguls Kjell Inge Røkke.

BRØDSKIVE [ˈbrøːˈʃiːʋə]

(BELEGTE) SCHEIBE BROT

Dieses Wort ist eng verwandt mit *matpakke*, der in Norwegen institutionalisierten Form des Lunchpakets, das hierzulande hauptsächlich aus nicht allzu großzügig belegten Butterbroten besteht. Bis zu Beginn unseres Jahrhunderts war die *brødskive* die in Norwegen bevorzugte Zwischenmahlzeit am Arbeitsplatz oder in der Schule. Wieder handelt es sich um ein Phänomen, an dem sich die zum Teil tiefe kulturelle Kluft zwischen Norwegen und dem Rest der Welt zeigt. Der Schwede Kjell Anneling, der in den 1990ern eine Zeitlang Botschafter in Oslo war, wurde ganz wehmütig, als man ihn gegen Ende seiner Amtszeit fragte, ob er vor seiner Abreise gern noch irgendwelche Probleme gelöst hätte:

»Mir ist es nicht gelungen, den schwedischen Gastarbeitern in Norwegen zu einer warmen Mahlzeit in der Mittagspause zu verhelfen«, sagte er. Damals herrschte in Schweden hohe Arbeitslosigkeit, und so zogen viele, vor allem jüngere Schweden in das wirtschaftlich bessergestellte Nachbarland. Die Verhältnisse vor Ort, besonders Sprache und Sitten, waren nicht allzu verschieden von den heimischen, was die Eingewöhnung erleichterte. Worauf die Auswanderer jedoch nicht vorbereitet waren, als sie Mutter Sveas warmen Herd verließen, war die nahezu monopolistische Verbreitung der Butterbrote und kalten Lunchpakete. Ein ausländischer Botschafter hat einzuschreiten, wenn seine Landsleute Übergriffe und andere Ungerechtigkeiten durch das jeweilige Einsatzland hinnehmen müssen. Doch Anneling, der nicht zum ersten Mal als diplomatischer Vertreter nach Norwegen entsandt worden war, sah offenbar keine völkerrechtliche Grundlage für eine Demarche gastronomischer Art.

Über einen relativ langen Zeitraum trugen die belegten Brote in den norwegischen Lunchpaketen entscheidend dazu bei, dass der norwegische Arbeitstag kürzer war als in vielen anderen Ländern. Der Brote sei Dank war die Mittagspause innerhalb von 20 Minuten erledigt, und die Angestellten konnten früher nach Hause und die gesparten Minuten gegen das Wertvollste eines jeden Norwegers eintauschen: Freizeit. Eine spanische, italienische, englische oder finnische Mittagspause ist da schon deutlich zeitintensiver, nicht nur aufgrund der Art der Mahlzeit, sondern auch wegen des anschließenden Ruhebedarfs. Auf die Spitze treiben es die Spanier mit ihrer Siesta.

Der jedoch geht es inzwischen ebenso sehr an den Kragen wie dem norwegischen Lunchpaket, vermutlich landet beides demnächst auf der Liste vom Aussterben bedrohter Phänomene. Mehr und mehr ist man auch in Norwegen auf den Trichter oder besser gesagt auf den

Geschmack gekommen und hat die warme Zwischenmahlzeit für sich entdeckt. Große, mittelgroße und selbst winzig kleine Betriebe haben mittlerweile eigene Kantinen, die immer mehr Alternativen zu Brot und Aufschnitt anbieten, während Gesundheitspropheten das Evangelium einer ausgewogenen Ernährung predigen. Die Spanier nehmen es mit Gelassenheit und mehr oder weniger ungesunder Skepsis, doch bedrängt von den modernen Anforderungen, bleibt ihnen gar kein Raum für ein dreistündiges Essen plus Mittagsruhe plus Hin- und Rückfahrt, erst recht nicht in einer Zeit, in der der Arbeitsplatz nicht mehr unmittelbar um die Ecke liegt.

Ganz so schlimm ist es in Norwegen nicht. Trotzdem sind unsere belegten Brote womöglich bald Geschichte, und so wehmütig uns diese finstere Aussicht auch stimmen mag: Der Versuch, sie auf die Liste schützenswerter nationaler Besonderheiten setzen zu lassen, dürfte ein müßiges Unterfangen darstellen.

BUSSERULL ['bʉs:ə'rʉl:]

NORWEGISCHES ARBEITSHEMD

Die nüchterne und knappe Wörterbuchdefinition von *busserull* lautet »Arbeitshemd ohne Knopfleiste«. Etwas ausführlicher kann man es als Hemd aus grober Wolle oder Baumwolle mit verschließbarem Schlitz bis zur Brust beschreiben, das über den Kopf gezogen wird. Norwegische Männer trugen es traditionell als Arbeitskleidung über dem eigentlichen Hemd, und die blauweiß gestreifte Variante hat große Ähnlichkeit mit dem norddeutschen Fischerhemd, das in Hamburg auch als *Buscherump* bekannt ist.

Da das Hemd oft auch bei Haushaltsverhandlungen der norwegischen Regierung getragen wurde, vor allem gegen Ende des 20. Jahrhunderts, stieg es mit der Zeit aus den Niederungen der Arbeitswelt empor und bekam einen staatsmännischen Charakter. Das Kleidungsstück sollte lutherische Arbeitsmoral, Pflichtbewusstsein und Genügsamkeit signalisieren, selbst bis weit ins Ölzeitalter hinein (siehe Ölreichtum, Seite 150). Und mit diesem Signal wollte man vor allem zeigen, dass das Geld – so reichlich es auch vorhanden sein mochte – nicht einfach willkürlich über Land und Leute verstreut werden durfte, sondern dass man es bewahren und schützen musste, und zwar mithilfe des norwegischen Ölfonds, der ebenfalls einer solchen Haushaltsverhandlung im *busserull* entsprungen war.

In gewisser Weise hat das *busserull* also fast den Status einer Staatstracht erlangt, als Festtagskleidung galt es jedoch nie. Vielmehr dient das Hemd als Symbol für zielstrebiges und vor allem fleißiges, aufrichtiges, gewissenhaftes Engagement. Darüber hinaus ist es alles andere als urban, weshalb es besonders bei der ersten Sitzung der norwegischen Haushaltsverhandlungen getragen wird, die traditionell außerhalb von Oslo stattfindet. 1983 jedoch gab es einen, der das offenbar nicht verstanden hatte: Kåre Willoch, der damalige Ministerpräsident, ließ sich zu Beginn der Verhandlungen mit Schlips und Kragen ablichten und sorgte so für allgemeine Erheiterung im Land.

Später kam dem Hemd sogar fast eine Schlüsselfunktion in der norwegischen Kreml-Astrologie zu, als sich politische und persönliche Unstimmigkeiten daran ablesen ließen, die über Meinungsverschiedenheiten zu Ökonomie, Solidarität und Arbeitsmoral weit hinausgingen: 1997, bei seiner ersten und letzten Haushaltsverhandlung als Kopf der Regierung, saß Thorbjørn Jagland einem Kollegium vor, in dem nicht ein einziges *busserull* zu sehen war. Als der neu ernannte Ministerpräsident Jens Stoltenberg vier Jahre später, im März 2001, zu einer entsprechenden Sitzung lud, erschienen sämtliche Regierungsmitglieder im *busserull* – bis auf den Außenminister: Thorbjørn Jagland. Es war das am schlechtesten gewahrte Geheimnis im Land, dass die beiden Hauptfiguren der sozialdemokratischen Regierung sich nicht gerade grün waren.

Für uns Norweger ist das *busserull* etwas so Urnorwegisches, dass wir die Verwendung eines ganz ähnlichen Hemdes auf den Gruppenfotos des G20-Gipfels am liebsten unter den Teppich kehren würden. Bei der Zusammenkunft der Wirtschaftsmächte in Südkorea 2010 waren die Staatschefs nämlich einheitlich in eine asiatische Variante des Hemdes gekleidet. In dieser Gegend der Erde wird es jedoch aus Seide hergestellt, und damit ist es, als Textilie und als Modeartikel, ein gutes Stück von dem sicheren, soliden Kleidungsstück entfernt, mit dem wir Norweger unsere Traditionen pflegen und den staatlichen Pensionsfonds sichern.

Außerdem können wir uns noch eines weiteren typisch norwegischen Kleidungsstückes rühmen, das in den 1980ern und 1990ern zur Einheitstracht bei den Haushaltsverhandlungen wurde: der *lusekofte* (siehe folgendes Kapitel).

LUSEKOFTE [ˈlʉsːəˈkɔfːtə]
NORWEGERSTRICKJACKE

Über das Wort *lusekofte* können Schweden und Dänen nur den Kopf schütteln. Eine Strickjacke (*kofte*) für Läuse (*lus*)? Eine Schutzmaßnahme gegen Parasiten, die Gesundheits- und Schulbehörden zufolge bekämpft werden müssen?

Manche Begriffe sind äußerst irreführend, und für uns Norweger stellt es immer wieder eine pädagogische Herausforderung dar, unseren Nachbarnationen klarzumachen, dass es sich bei einer *lusekofte* schlicht und ergreifend um ein praktisches und traditionsreiches Kleidungsstück handelt, eine wärmende und ziemlich schicke Strickjacke mit Knopfleiste und oft raffiniertem, fein ausgearbeitetem Muster. Zugegeben, der Name ist vielleicht etwas unglücklich gewählt, aber er hat sich nun mal etabliert.

Abgesehen von Norwegern gibt es kaum jemanden, bei dem das Kleidungsstück und dessen Name so konsequent in Gebrauch sind, mit Ausnahme einer überschaubaren Menge norwegenbegeisterter Amerikaner vielleicht.

Dass Dänen und Schweden diesen fragwürdigen Begriff scheuen, liegt zum einen daran, dass sie ihn wörtlich verstehen und für Lebewesen wie Läuse nicht besonders viel übrighaben. Zum anderen ist ihnen das Kleidungsstück aber auch schlicht nicht bekannt.

Im Grunde lässt sich das Wort ganz leicht erklären: Läuse mögen keine Kälte, und in der Bezeichnung »Läusejacke« für ein wärmendes Kleidungsstück schwingt gleich auch sein Hauptzweck mit: das Aufrechterhalten einer wohligen Körpertemperatur bei klimatischen Bedingungen, um die uns kaum jemand beneidet.

Der erste Teil des Wortes ist somit bildlich zu verstehen und nicht als konkrete oder auf dem exakten Wortsinn beruhende Beschreibung. Außerdem wärmt der Gedanke, dass es sich bei dieser Herleitung um ein intellektuelles Kunststück handelt, zu dem im Grunde nur wir Norweger fähig sind.

Strickexperten haben es da etwas leichter, denn die wissen, dass der erste Wortteil nicht etwa auf lästige Tierchen verweist, sondern der korrekte Fachterminus für die kleinen Punkte im Strickmuster ist. Auf Norwegisch heißen diese *lus*, auch bei gestrickten Mützen und Pullovern. Eine *lusekofte* entsteht allerdings erst durch die charakteristische Ausgestaltung des Strickwerks mit einer Knopfleiste auf der Vorderseite.

BÅL ['bo:l]

LAGERFEUER

Ein Feuer im Freien gehört zum norwegischen Outdoor-Leben einfach dazu, vor allem im Winter, wenn das Waldbrandrisiko minimal ist. Naturfreunden aus anderen Breitengraden mag das beschwerlich und in höchstem Maße exotisch vorkommen: Jemand aus Spanien hat vermutlich weniger Lust, auf Skiern loszuziehen, wenn sich kein passables Restaurant in überschaubarer Nähe befindet, so dass man schnell ein Stück Fleisch, ein paar Tapas und eine Tasse Kaffee bekommt, ohne längst vergessene Pfadfinderfertigkeiten wiederauszugraben. Außerdem sitzt es sich drinnen doch viel angenehmer, da zieht es auch nicht so. Rückenbeschwerden durch unbequemes Kauern im Schnee haben für Nicht-Norweger einen eher begrenzten Reiz, Lagerfeuer hin oder her.

Doch so weit wie nach Spanien brauchen wir gar nicht zu gehen, um auf staunendes Unverständnis zu stoßen. In Schweden bekommt man als Norweger relativ schnell die Frage gestellt: »Aber was *macht* ihr eigentlich, wenn ihr draußen unterwegs seid?« Die Parallele zu unterschiedlichen Ansichten, wie sie bereits im Kapitel über das Butterbrot (Seite 37) berührt wurden, ist unverkennbar.

Echte norwegische Wanderer oder Langläufer hegen fast schon romantische Gefühle für Kaffee, der auf dem Lagerfeuer zubereitet wurde, am besten noch im Schnee. Zunächst einmal ist praktisches Knowhow erforderlich, um das Feuer überhaupt zum Brennen zu bringen. Als Wanderer muss man wissen, wo man selbst in einem verregneten Wald trockenes Reisig findet. Etwas einfacher ist das bei einer festen Schneedecke, aber auch hier muss man sich den einen oder anderen praktischen Kniff aneignen; theoretisches Wissen reicht selten aus, um ein Feuer zu entfachen und darauf Kaffee zu kochen.

Das so romantisch aus geschmolzenem Schnee aufgebrühte Heißgetränk verfeinern im günstigsten Fall ein paar ausgesuchte Geschmackszusätze wie der Rauch des Feuers, eine Prise Tannennadeln oder eine winzige Dosis Körperflüssigkeiten von Fuchs und Hase im Schmelzwasser. Gaumenkitzel wie diese bleiben in der Praxis uns Norwegern vorbehalten und sind ein Clou der Outdoor-Gastronomie, von dem kein Kritiker vornehmer Sternerestaurants jemals etwas gehört hat. Folglich haben diese kulinarischen Erlebnisse auch nie die Aufmerksamkeit und Anerkennung erhalten, die sie aus Sicht eines jeden norwegischen Kenners verdienen.

Das Johannisfeuer gehört in eine andere Kategorie und in eine andere Jahreszeit. Im Gegensatz zum Kaffeefeuer hat es keinerlei praktische Funktion, sondern geht auf verschiedene heidnische und halbheidnische

Riten mit langer Vorgeschichte zurück. Wenn gegen Ende des längsten Tags des Jahres gerade mal eine leichte Dämmerung eintritt, zumindest im südlichen Norwegen, liegt die Idee der Sonnenanbetung natürlich nicht fern. Zudem haftet dem Johannisfeuer noch immer eine leise Reminiszenz an die Zeit der Hexenverbrennungen an, auch wenn heutzutage im Grunde nur noch in Dänemark tatsächlich Hexen verbrannt werden. Dort thront auf dem Johannisfeuer eine riesige Strohpuppe, die am besten so platziert wird, dass sie bei entsprechender Hitze zischend und fauchend Richtung Blocksberg davondüsen kann.

Doch all das ist zeremoniell. Im norwegischen Alltag kommt dem Feuer eine Mischung aus praktischem Nutzen und nationalromantischem Idealwert zu, so dass auf Dinge wie Sonnenanbetung und Hexenjagd wunderbar verzichtet werden kann. Und wer ein echter norwegischer Naturfreund sein will, sollte auf jeden Fall ein Lagerfeuer entfachen können. Ungünstige Wetterverhältnisse sind da keine Entschuldigung.

CHARTERTUR [ˈt͡ʃɑːʈəˈʈʉːr]

PAUSCHALREISE

Es gab einmal eine Zeit, da waren Ferien im Ausland nur den gut betuchten Norwegern vorbehalten. Uns anderen war höchstens mal ein Abstecher nach Schweden zum Zuckerkaufen vergönnt, sofern wir nicht zu weit von der Grenze entfernt wohnten, und von Oslo, Larvik und Kristiansand konnte man mit der Fähre nach Dänemark reisen, ohne dass es gleich die Welt kostete. Von Bergen aus war Newcastle recht nah. Ich weiß von einem echten Norweger – nun ja, einem Bergenser, aber immerhin –, der achtzehn Mal in Newcastle war, bevor es ihn das erste Mal nach Oslo verschlug. Mit der Zeit erschienen die Flugzeuge auf der Bildfläche, doch für die allermeisten Norweger schwebten Flugreisen lange in unerreichbaren Preisklassen.

Irgendwann begannen ein paar geschäftstüchtige Dänen und Schweden, Auslandsreisen für Gruppen anzubieten, zunächst mit dem Bus, später auch mit dem Flugzeug. Das Transportmittel war immer gechartert, daher der norwegische Begriff *chartertur*, Charter- oder Pauschalreise. Gruppenpreise und Mengenrabatt machten den Spaß gleich viel billiger. Obendrein gab's exotische Kulturerlebnisse, für die man sich nicht erst stundenlang durch verstaubte Museumsgänge quälen musste, zum Beispiel die sogenannten »Schweinefeste« als obligatorischer und höchst verlockender Programmpunkt bei Reisen nach Spanien. Der Name war mindestens ebenso sehr durch das Benehmen der Touristen inspiriert (oder waren *sie* durch *ihn* inspiriert?) wie durch das gegrillte Spanferkel auf dem Speiseplan.

Für viele Norweger stellt der Alkoholkonsum auf Reisen ins Ausland ein wichtiges Teilziel dar, besonders auf Pauschalreisen. Da alkoholhaltige Erfrischungsgetränke am Zielort nicht so hoch besteuert sind wie am Startort, haben sich die Intellektuellsten unter den Urlaubern überlegt, wie man sich die Vorteile angewandter volkswirtschaftlicher Forschung zunutze machen kann. Spart man beispielsweise bei jeder Flasche Wein fünf Euro, kann man mit ein bisschen Einsatzbereitschaft die gesamten Reisekosten wieder rausholen, so dass sich der Urlaub am Ende als erfolgreiche Nullrunde verbuchen lässt.

Vor Urzeiten galt auf Pauschalreisen eine Gepflogenheit, die fast den Status eines ungeschriebenen Gesetzes hatte: Bei der Landung des Flugzeugs wurde geklatscht. Hochnäsigere Passagiere, die Linienflugerfahrung mitbrachten, gern auf Kosten ihres Arbeitgebers, belächelten den Applaus und behielten die Hände weltgewandt und demonstrativ auf dem Schoß.

In einem Sektor jedoch wurden die Pauschalurlaube nicht mit überschwänglicher Begeisterung empfangen, und zwar in der Reisebürobranche. Als die Veranstalter anfingen, sich auch als Reisebüros zu bezeichnen, bekamen sie heftigen Gegenwind: Mehr als die paar jämmerlichen, unzivilisierten Urlaubsziele, die sie auf der Liste hätten, könnten sie doch sowieso nicht anbieten. Im Gegensatz zu den *echten* Reisebüros.

Die anhaltende Beliebtheit von Pauschalurlauben zeigt, wie dieses Duell letztlich ausgegangen ist. Die Veranstalter wussten genau, dass sie ein unschlagbares Ass im Ärmel hatten, nämlich die Sonne, und nordeuropäische Reiseveranstalter achteten sehr genau darauf, dass »Sonne« auch in irgendeiner Form im Firmennamen vorkam. Praktischerweise spricht so ein Name Dänen, Schweden und Norweger gleichermaßen an, denn in allen drei Ländern heißt Sonne *sol*. Auf Finnisch ist der Sonnenfaktor vielleicht nicht sofort wiederzuerkennen. Aber »Sonne« heißt in Finnland *aurinko*, »Reisen« *matkat*, und Finnisch ist auch nicht so kompliziert, als dass man nicht gleich kapieren würde, was ein Unternehmen wie *Aurinkomatkat* anzubieten hat.

Finnen applaudieren übrigens ebenfalls bei der Landung. Pauschalreisen stellen also ein kulturübergreifendes Konzept dar, genau wie es sich gehört, und sind eigentlich nichts exklusiv Norwegisches.

SYDEN ['sy:dən]
SÜDEN

»Dieses Land ist lang. / Das meiste ist Norden«, schreibt Rolf Jacobsen in seinem Gedicht *Norden.* Doch wenn der Winter am dunkelsten ist, steht vielen Norwegern der Sinn nach einer anderen Himmelsrichtung. Dann machen sie ihrer nordischen Heimat eine lange Nase und ziehen gen Süden und in die Sonne. Die Parallele zur Tierwelt liegt auf der Hand; die der Kälte entfliehenden Norweger bezeichnen sich selbst als Zugvögel, und wenn sie das Glück haben, den dunklen Winter gegen die sonnigen kanarischen Inseln einzutauschen, setzen sie sogar noch einen drauf und ernennen sich kurzerhand zu Kanarienvögeln.

All jene, denen die winterliche Dunkelheit zu schaffen macht und die vom Schneeschippen nicht mehr ganz so begeistert sind wie früher, finden ein Kontrastprogramm im Süden. Wo der sich genau befindet, ist nicht so wichtig, im Prinzip kann er überall sein. Wenn das meiste von Norwegen Norden ist, wie auch der altnordische Landesname *Norvegr*, Nordweg, nahelegt, so ist – nach dem Ausschlussprinzip – alles andere Süden. Damit stehen uns zahlreiche Reisemöglichkeiten offen, erst recht seit der Wohlstandsentwicklung und dem Anstieg des Gehaltsniveaus im Laufe der letzten Generation.

Die Pioniere, die Wegbereiter, die Ersten, die sich gen Süden begaben, mussten einige Hindernisse überwinden. Zwar kommen die nicht an die Strapazen eines Roald Amundsen heran (der war aber auch kein Typ für Pauschalreisen), doch ein längerer Aufenthalt an Orten, an denen noch nie jemand etwas von *kjøttkaker* (norwegischen Frikadellen) in brauner Soße gehört hatte, geschweige denn imstande gewesen wäre, etwas so Exotisches zuzubereiten, erforderte sowohl Durchhaltevermögen als auch Rückgrat. Da die Schweden damals reicher waren als wir, gab es noch am ehesten Urlaubsorte, die mit dem luxuriösen Gaumenschmaus *köttbullar* locken konnten. In der Not frisst der Teufel bekanntlich Fliegen, und so kamen hartgesottene und tolerante Norweger immerhin einigermaßen zurecht.

Eins der ersten norwegischen Süd-Experimente war eine Siedlungskolonie in der kleinen Stadt Baracoa im Osten von Kuba, die jedoch nicht sehr lange existierte. Initiator war der Polarfahrer Otto Sverdrup, der nach zwei Expeditionen mit dem Forschungsschiff *Fram* und insgesamt sieben Jahren im arktischen Eis genug gefroren hatte. Als er sich auf den Kanaren wärmte und all die Spanier sah, die es um die letzte Jahrhundertwende nach Kuba zog, kam ihm eine, wie ihm schien, glänzende Idee.

Sverdrup wollte ebenfalls nach Kuba und dort Tabak, Zucker und Kokosnüsse anbauen. Vielleicht hätte er sogar Erfolg gehabt, wäre er nicht so ein Pechvogel gewesen. In den USA kam es zur Wirtschaftsflaute, ansonsten hätte man ihm vielleicht dort seine Produkte abgekauft (vorausgesetzt, er hätte die Möglichkeit gehabt, sie zu verfrachten). Doch das Einzige, was er erreichte, war, die Kubaner in Angst und Schrecken zu versetzen, als das Küstenpanzerschiff *Harald Haarfagre*, der ganze Stolz der noch jungen königlich-norwegischen Marine, während eines Besuchs 1907 sowohl in Havanna als auch in Baracoa Flagge zeigte. Mit Kanonenbootdiplomatie vonseiten ungehobelter Ausländer hatte man in dem neuen, mehr oder weniger selbständigen Inselstaat bereits Erfahrung, und so fragten sich die Kubaner, was diese Norweger da eigentlich im Schilde führten.

1909 machte ein Orkan alles zunichte, was Otto Sverdrup aufgebaut hatte, und so ging er nach Alaska und versuchte sich stattdessen im Walfang. Schließlich kehrte er nach Hause zurück, und Erzählungen zufolge soll es ihm beträchtlich auf die Stimmung gedrückt haben, wenn draußen kein Unwetter tobte. Seine norwegische Kolonie hat jedenfalls keinerlei Spuren in Baracoa hinterlassen, nicht einmal in der Bibliothek des Städtchens.

Das meiste ist Norden, also weht hier auch aus allen Richtungen Nordwind. Aber Orkane im meteorologischen Sinne – was man auf Englisch als »hurricanes« bezeichnet – haben wir in Norwegen nicht, obwohl unsere Herbst- und Winterstürme durchaus die sogenannte »Orkanstärke« erreichen können.

Niemand käme wohl auf die Idee, ein nord- oder westnorwegisches Unwetter mit Orkanstärke als mild zu bezeichnen, und wer in der irrigen Annahme lebt, das seien doch Peanuts, kann gern mal einen Blick in die Schadensberichte der norwegischen Versicherungsgesellschaften werfen. Im Süden hingegen ist ein Orkan ein echter Orkan – wenn er nicht gerade einen so exotischen Namen wie Zyklon oder Taifun hat. Meteorologisch bezeichnen alle drei Begriffe das gleiche Phänomen, nur in unterschiedlichen Regionen. Das Wort *Taifun* beispielsweise ist eine Zusammensetzung aus den chinesischen Wörtern für »mächtiger Wind«. Beileibe keine Übertreibung.

Doch das ist nicht die Art von Süden, die norwegische Touristen auf der Suche nach ruhigen Stränden mit lauer Brise, Sonnenliegen und Schirmchencocktails anpeilen. Immer mehr Sonnenanbeter finden ihr Ziel, und wen kümmert es da, dass es sich bei solchen Abstechern nach Süden in den seltensten Fällen um Kulturreisen im klassischen Sinne handelt?

HANDLINGSREGELEN ['han:dlɪŋs're:gɛlən]

DIE HANDLUNGSREGEL

In Norwegen kann längst nicht jeder erklären, was es mit der sogenannten Handlungsregel, einem Begriff aus der Finanzpolitik, auf sich hat. Dabei lässt sich (fast) ohne Übertreibung behaupten, dass wir Norweger von ihr leben. Sie wurde 2001 von Jens Stoltenbergs Regierung eingeführt und legt fest, wie viel Geld der norwegische Staat jedes Jahr von den Mitteln des Ölfonds (Staatlicher Pensionsfonds Ausland) ausgeben darf. So soll sichergestellt werden, dass wir nicht unbedacht mit unseren Öleinnahmen umgehen und auch kommende Generation noch etwas davon haben.

Bis Februar 2017 lag die Obergrenze der jährlich freigegebenen Fondsgelder bei vier Prozent des Gesamtkapitals. Das entsprach in etwa den Zinseinnahmen, der Grundstock des Ölfonds sollte unangetastet bleiben. Als die Zinsen fielen, war der Anteil von vier Prozent jedoch irgendwann zu hoch, und so drückte das Parlament hin und wieder wohlwollend ein Auge zu und gestattete der Regierung, ein bisschen mehr als nur die Zinseinnahmen vom Ölfonds abzuzwacken, um den Haushalt auszugleichen. Kritiker warfen der Regierung vor, sie lasse es zu, dass unsere Generation die Jugend von morgen bestiehlt.

Jens Stoltenberg ist ein politischer Prosaist, wie er im Buche steht, doch in seiner Zeit als Ministerpräsident konnte der nüchterne Volkswirt regelrecht zum Lyriker werden, sobald es um die Handlungsregel und deren Bedeutung ging. Auf Vorwürfe wegen dieser situationsbedingten Art der Eloquenz reagierte er mit einer Gutmütigkeit und Selbstironie, die unter norwegischen Politikern ruhig etwas weiter verbreitet sein könnte. Die Kritik wurde immer möglichst hastig vorgebracht, denn in der Regel war Stoltenbergs Aufmerksamkeit in solchen Fällen von begrenzter Dauer. Solange der Wortstrom in die andere Richtung floss und Stoltenberg selbst sprach, war jedoch alles in Ordnung, und er ließ keine Gelegenheit aus, Interessierten und weniger Interessierten die Handlungsregel näherzubringen.

Um dem Konzept eine Dimension jenseits der reinen Zahlen zu verleihen, wagte man den Denkschritt weg vom Volkswirtschaftlichen hin zur klassischen Literatur – ein schwacher Abglanz der glorreichen Zeit, als sich auch Wirtschaftswissenschaftler noch in schöngeistigen Gefilden auskannten. In der *Odyssee*, Homers Epos über die dramatische Reise des Odysseus, lässt sich der Held an den Mast seines Schiffes binden und verpasst seiner Mannschaft – in Übereinstimmung mit den norwegischen Arbeitnehmerschutzrichtlinien – einen Hörschutz, bevor es an den so verlockenden wie gefährlichen Sirenen vorbeigeht: betörende Frauen, die mit allerlei paradiesischen Verheißungen zu hemmungsloser Geldverschwendung verführen wollen. In dieser Metapher sind es die norwegischen Politiker, die fest an den Mast gebunden sind, taub für den Appell der Sirenen und außerstande, ihnen Kontra zu geben.

Um es auf den Punkt zu bringen: Mehr Geld fürs Alter und weniger Spaß in der Jugend. Norwegischer geht's wohl kaum.

HARRYTUR [ˈharːɪˈtʉːr]

HARRY-FAHRT

Nicht immer gebührt die Ehre denen, die sie auch verdienen, und schlimmer noch: Manchmal fällt sie sogar Leuten zu, die sie nie hätten bekommen sollen.

Im Februar 2002 verkündete der norwegische Landwirtschaftsminister Lars Sponheim, Hamsterkäufe von billigen Verbrauchsgütern in Schweden, vor allem von Lebensmitteln, Tabak und Alkohol, seien »vollkommen Harry«. Mittlerweile stellen solche Fahrten, in der Folge oft als *Harry-Fahrten* bezeichnet, etwas ganz Alltägliches für die Bewohner grenznaher und dichtbevölkerter Gegenden im Südosten Norwegens dar. Die schwedischen Orte Strömstad, Svinesund und Charlottenberg gehören zu den natürlichen Einkaufszielen. Mit der Zeit sind dort große Shoppingzentren entstanden, die fast ausschließlich den Zweck erfüllen, die Bedürfnisse norwegischer Kunden zufriedenzustellen. Bei den Initiatoren handelt es sich oft um Unternehmer und Investoren aus Norwegen. Vor allem nach 1990, als der Wert der schwedischen Krone fast fünfzehn Prozent unter dem der norwegischen lag, nahm der Grenzverkehr zu. Doch selbst nach dem Ölpreissturz 2014 blieb er nahezu unverändert weiter bestehen, obwohl die schwedische Währung nun fast genauso viel wert war wie die norwegische. Was den Umsatz begünstigte, war nicht zuletzt die Tatsache, dass das von *Borg Bryggerier* in Skarpsborg und Fredrikstad produzierte Bier aufgrund der steuerlichen Bestimmungen kurz hinter der Grenze billiger war als in den Produktionsstätten zwanzig bis fünfundzwanzig Kilometer weiter nördlich.

Der Begriff »Harry« ist jedoch viel älter als Lars Sponheim (geboren 1957). Bereits zwei Generation vorher, zu Beginn des zwanzigsten Jahrhunderts, wurde der Name im vornehmen Westen der damaligen Hauptstadt Kristiania (seit 1925 heißt sie Oslo) umgangssprachlich als Adjektiv verwendet. So diente »Harry« als Attribut für die Arbeiterklasse, egal, ob damit ein Mensch, ein Kleidungsstil oder ein Benehmen gemeint war. Als Grund dafür gibt Wikipedia an, dass englische oder amerikanische Jungennamen wie Harry, Roger und später auch Glenn bei frisch gebackenen Eltern im weniger vornehmen Osten der Stadt damals ausgesprochen beliebt waren.

In den sogenannten höheren Gesellschaftsschichten waren dänische oder deutsche Namen verbreiteter. »Der Typ ist ein ziemlicher Preben« ist ein Beispiel für das sprachliche und soziale Vergeltungsstreben, wie es bei den »niederen Schichten« zum Ausdruck kommen konnte (Preben ist ein typisch dänischer Vorname).

»Harry« wurde auch zur Beschreibung von Verhaltens- oder Ausdrucksweisen verwendet, die man für unelegant, einfach, bäuerlich und geschmacklos hielt. Außerdem verpasste man dem Harry-Stempel gern noch einen Verstärker, wie beispielweise in dem Ausdruck »vollkommen Harry«.

In begrenztem Umfang übernahm der schwedische Männername Johan dieselbe Funktion. Auch Nils wurde in ähnlich herabsetzender Weise verwendet. Harry ist jedoch der einzige der drei Namen, der auch adjektivisch benutzt wird. Man kann sich beispielsweise des groben, geschmacklosen Vergehens schuldig machen, ein »harry Hemd« zu kaufen, aber »johan« oder »nils« Hemden gibt es nicht.

Der russische Linguist, Philologe und Wörterbuchredakteur Valerij P. Berkov (1929–2010), der viele Jahre an der Universität in Sankt Petersburg Norwegisch lehrte, verfügte über solidere Norwegischkenntnisse als die meisten Muttersprachler. Einmal gab er jedoch etwas beschämt und mit einer gewissen Selbstironie zu, er habe viele Jahre gebraucht, um den Ausdruck »Harry« zu verstehen.

Harry-Fahrten sind zuweilen recht teuer – denn hat man erst einmal die Grenze überquert, gibt es so wahnsinnig viel zu kaufen. Ob diese Fahrten mit den Prinzipien der Handlungsregel zu vereinbaren sind (siehe vorheriges Kapitel), wird derzeit noch geprüft, auch wenn ein Wort wie »Devisenbeschränkungen« fast so abwegig und veraltet klingt wie »Beulenpest« und »Fußlappen«. Die Aussichten stehen nicht schlecht, dass die Prüfung dieses Sachbestandes noch eine Weile andauert. Und derweil beugt Ola Nordmann (der norwegische Herr Mustermann) mit ausgiebigen Hamsterkäufen jenseits der Grenze dem schrecklichen Los vor, das für ihn die Erfüllung eines norwegischen Sprichworts bedeuten würde: »Und während das Gras wächst, stirbt die Kuh.«

KVOTA ['kʊu:ta]

DIE IMPORTQUOTE

Drehen wir einmal die Zeit zurück in die neunziger Jahre, als sich die »Harry-Fahrt« (siehe vorheriges Kapitel) in Norwegen noch nicht als feststehender Begriff etabliert hatte. Damals ereignete sich in meinem Bekanntenkreis folgende wahre Begebenheit:

Eine neunzigjährige Dame, die mit ihrer Familie in Fredrikstad lebte, erzählte mir, sie sei inzwischen so schlecht zu Fuß und habe so schlechte Augen, dass sie das Haus kaum noch verlasse. Sie habe ein ereignisreiches und schönes Leben hinter sich, ihre Kinder und Enkelkinder seien gut zu ihr, sie könne sich also nicht beklagen. Mit ihrer Abenteuerlust sei es auch nicht mehr so weit her wie früher. Außerdem sei ihr immerhin jede Woche ein kleiner Ausflug nach Schweden vergönnt. Nein, beklagen könne sie sich wahrhaftig nicht.

Wohin denn genau in Schweden?

Nach Strömstad.

Also nicht sehr weit über die Grenze. Und was machte sie da?

Auf dem Parkplatz im Auto sitzen.

Und wie lange?

Bis die Kinder und Enkelkinder aus dem Supermarkt und dem Wein- und Spirituosenladen zurückkamen. »Du musst nämlich wissen«, fügte sie hinzu, »ich zähle da als Quote. Die Geschäfte kenne ich ja schon, und tragen helfen kann ich auch nicht mehr. Aber auf dem Rückweg über Svinesund trage ich meinen Teil zum Einfuhrkontingent bei.«

Jeder Mitfahrer erhöhte die Quote, doch nicht alle Enkelkinder waren alt genug für ein eigenes Alkoholkontingent. Solange die Oma fit genug für die Autofahrt war, fielen bei jedem Ausflug ins Nachbarland ein paar zusätzliche Liter und Zigarettenpackungen für alle ab.

Wer jetzt behauptet, so etwas gebe es aber in anderen Ecken der Welt nicht, steht schnell als unwissender Hinterwäldler da. Auf der Fährüberfahrt zwischen Helsingborg und Helsingør, die ziemlich genau zweiundzwanzig Minuten dauert, werden die Passagiere kurz nach dem Ablegen in rasendem Tempo und mit halbherziger Unterstützung einer schnarrenden Lautsprecheranlage über eine Sonderregelung informiert, die das Gehör und die Auffassungsgabe einer Neunzigjährigen schon mal überfordern kann.

»Ab der Abfahrt in Helsingborg ist der zollfreie Erwerb von Tabak und Schokolade gestattet, bis wir die dänische Grenze passieren. Der Signalton, der dann erklingt, gibt den Erwerb von Wein und Spirituosen bis zum Erreichen des Zielhafens frei. Der Verkauf von Tabak auf dänischem Gebiet ist nicht gestattet.«

Neben dem Ausblick auf Schloss Kronborg, wo Prinz Hamlet residierte, bekommen Kauflustige also einiges geboten: Im Laufe einer guten Viertelstunde dürfen sie gleich zweimal Schlange stehen. »Schnaps kaufen oder keinen Schnaps kaufen, das ist hier die Frage« gehört zu den denkwürdigen Sätzen, die Shakespeare seinem Helden leider nicht mehr in den Mund legen konnte. Dafür hatte Hamlet den besten Blick auf den Øresund-Zoll. Auch der ging an Shakespeare vorbei, genau wie das Startsignal für den Spirituosenverkauf bei der Grenzüberquerung.

Zwischen den meisten anderen EU-Mitgliedsstaaten gelten großzügigere Regelungen: Wer von Deutschland nach Dänemark reist, kann eine angemessene Menge an Alkohol »zum Eigenverbrauch« mitbringen. Die Grenze der Angemessenheit, also die Importquote, liegt bei neunzig Litern Wein und hundertfünfzig Litern Bier pro Person. Ob »Eigenverbrauch« so wörtlich zu verstehen ist, dass ein durstiger Freund, der unverhofft verbeischaut, nicht vielleicht ein, zwei Schlucke abbekommen darf, darüber wird nichts gesagt.

Andererseits wird es unter solchen Bedingungen schwierig, auf dem Heimweg noch Platz für die Oma zu finden. Und man kann sie ja schlecht auf einem Parkplatz in Norddeutschland stehen lassen.

Halten wir fest: Die norwegische Importquote wirkt im Vergleich zu anderen ziemlich mickrig. Aber dafür ist bei uns immer Platz für die Oma. Selbst bei der Alkoholeinfuhr stellen wir also den Menschen in den Mittelpunkt und haben Respekt vor dem Alter.

DISTRIKTSPOLITIKK [dɪsˈtrɪktspʊliˈtik:]

(RAND-)BEZIRKSPOLITIK

Die Wörterbuchdefinition dieses Begriffs klingt nicht gerade schmeichelhaft: »Politik, die auf die Randgebiete abzielt«, heißt es im einsprachigen norwegischen Wörterbuch *Norsk Ordbok*. Wer hört schon gern, dass er in einem Randgebiet wohnt? Trotzdem würde wohl kaum jemand so weit gehen wie die spätere Parlamentsabgeordnete der linksgerichteten Sosialistisk Venstreparti Torild Skard, die von ihrem damaligen Posten im nordnorwegischen Tromsø aus sagte: »Das Zentrum ist da, wo ich bin.« Der Ausdruck ist negativ konnotiert: Wer am Rande lebt, ist außen vor.

Auch in Norwegen ist die gesellschaftliche Entwicklung seit der Industrialisierung im 19. Jahrhundert von Urbanisierung und Landflucht geprägt. Finanzspritzen für die ländlichen Bezirke in Form von Steuerentlastungen, Subventionen für Fischerei, Land- und Forstwirtschaft und Investitionen in Bildungseinrichtungen und öffentliche Unternehmen haben dazu beigetragen – oder wenigstens darauf abgezielt –, Arbeitsplätze jenseits der Städte zu erhalten. Nicht-Norweger zeigen sich meist schnell beeindruckt vom guten Zustand der Wohngebäude und Straßen in unseren Randgebieten. Nur um sich kurz darauf nach den Kosten dafür zu erkundigen.

1949 schrieb der Autor Johan Borge in seinem Beitrag zur Festschrift anlässlich des sechzigsten Geburtstags seines Kollegen Helge Krog, was für eine Sünde es sei, auf Asphalt zu wandeln. »In Norwegen kommt man am besten vom Land.«

Und die allermeisten kommen hier auch vom Land, selbst wenn sie in der Stadt wohnen. Ein dänischer Einwanderer, der sich mit der Zeit dauerhaft in Norwegen niederließ, stellte relativ schnell fest, dass fast sein ganzer Bekanntenkreis in den Ferien »nach Hause« fuhr. Vor allem über Weihnachten. Und »zu Hause«, das war nie in Oslo, auch wenn man bereits seit Jahrzehnten mit Kind und Kegel dort wohnte. Man reiste »nach Hause« an den Ort, an dem man geboren und aufgewachsen war. Alle Jahre wieder.

Wer den norwegischen Haushaltsplan genau unter die Lupe nimmt, findet darin allerlei Hinweise auf eine Bezuschussung der ländlichen Bezirke, und je nach Berechnungsgrundlage sind die Zahlen dehnbar, auch wenn das eine gewisse Lesekompetenz erfordert. Über die Höhe dieser Ausgaben die Nase zu rümpfen ist in Norwegen schon so etwas wie ein Nationalsport unter Städtern. Der Behauptung, in den ländlichen Raum werde zu viel Geld gesteckt, könnte man jedoch entgegenhalten, dass von der Schifffahrt, die im Großen und Ganzen in norwegischen Städten angesiedelt (oder ins Ausland abgewandert) ist, so gut wie keine Steuern gezahlt werden. Aus diesem Sektor stammen die Subventionen für die Milch- und Getreidebauern also nicht.

Prognosen zur Entwicklung der norwegischen Randgebiete sind genauso unsicher wie andere Zukunftsvorhersagen. Als 1972 die erste Volksabstimmung über den Beitritt Norwegens zur EWG stattfand, war man überzeugt, dieser Schritt würde innerhalb einer Generation zur Schließung von dreißigtausend landwirtschaftlichen Betrieben in Norwegen führen. Dieses Szenario bewahrheitete sich schließlich, dabei war Norwegen der Wirtschaftsgemeinschaft gar nicht beigetreten. Auf die Einwohnerzahl gerechnet, vollzog sich in einer ganzen Reihe anderer Länder eine ähnliche Entwicklung. Vielleicht handelte es sich schlicht und einfach um einen Zug der Zeit, unabhängig von den Vorgängen in Brüssel. Andererseits: Niemand kann wissen, ob nicht noch mehr Landwirte hätten aufgeben müssen, wäre die Abstimmung zugunsten des Beitritts ausgefallen. Geschichtsschreibung, nicht zuletzt die norwegische, ist schon schwierig genug, wenn man sich auf das bereits Geschehene beschränkt. Will man dann noch kontrafaktisch schreiben, also über das nicht Geschehene und dessen Ursachen, wird das Ganze unendlich viel schwieriger.

Aber die Bezirkspolitik abschaffen? Kommt nicht in den Kuhstall.

DOVRE ['dɔʊrə]

Selbst in einer Zeit wie der unsrigen, in der man bereits in der Schule lernt, dass sämtliche Informationen nur einen Mausklick entfernt sind, haben die meisten norwegischen Schüler schon einmal von dem feierlichen Eid gehört, mit dem 1814 der Entwurf des norwegischen Grundgesetzes besiegelt wurde: »Einig und treu bis Dovre fällt.« In dem Gebiet, das heute Dovre heißt, gibt es schon seit ein paar Millionen Jahren keine Vulkane mehr, folglich rühren sich die Berge und Gebirgszüge dort nicht vom Fleck. Dass sie jemals einstürzen könnten, scheint unvorstellbar, selbst mit der blühendsten Phantasie. Den norwegischen Vertretern, die damals in Eidsvoll das Grundgesetz erließen, muss es genauso gegangen sein.

Interessanterweise ist der Begriff *Dovrefjell* (siehe Fjell, Seite 82) in Dänemark relativ bekannt, allerdings weniger als geographische oder geologische Bezeichnung. Das Wort wird oft als Bild für die Verlässlichkeit und (zuweilen etwas lästige) Standhaftigkeit des »anderen Zwillings« verwendet. Während der dänisch-norwegischen Personalunion (1380-1814) waren die beiden Länder in Dänemark unter der Bezeichnung »Zwillingsreiche« bekannt, und für uns Norweger ist es immer wieder eine echte Herausforderung, wenn wir den Dänen klarmachen müssen, warum wir im Zusammenhang mit der Unionszeit so eigensinnig von der vierhundert Jahre langen Nacht, den dänischen Steuereintreibern und vielen anderen Landesplagen sprechen anstatt von geschwisterlicher Eintracht und eitel Sonnenschein.

In Norwegen markiert Dovre heutzutage eine Wetterscheide; vor allem im Sommer ist es nördlich des Fjells meist deutlich kühler als in Südnorwegen. Außerdem weiß jeder, der sich auch nur ein bisschen für gesprochenes Norwegisch interessiert, dass am Dovrefjell eine Dialektgrenze verläuft – ein Überbleibsel aus Zeiten, in denen die Kommunikation zwischen verschiedenen Landesteilen noch ein ziemlich anstrengendes und zeitaufwendiges Unterfangen war. Entsprechend wurde auf verschiedenen Seiten des Gebirges sehr unterschiedlich gesprochen, und diese Trennlinie hat sich bis heute recht hartnäckig gehalten.

Zu den wohl norwegischsten Figuren der Literaturgeschichte zählt der von Henrik Ibsen geschaffene Dovregreis. Selbst mit all seiner Macht und Gewalt kann er nicht verhindern, dass Peer Gynt mit seiner Tochter anbändelt. Die will er aber nicht hergeben, ohne den Vater seines zukünftigen Enkelkindes auf Leib und Nieren zu prüfen. Peer soll reden, essen und aussehen wie ein Troll. Die kulinarische Mutprobe, die er zu bestehen hat, leitet der Dovregreis mit seinem berühmten Lob auf die regionale Küche ein, dem Evangelium urnorwegischer Selbstgenügsamkeit:

»Die Kuh gibt Kuchen und Met der Stier;
Ob er sauer, ob er süß schmeckt, frag nicht hier;
Die Hauptsache ist: seine Herkunft ist lauter,
's ist daheim gebrauter.«

*

Dovre ist auch der Name einer Marke, die solide, warme Wollunterwäsche herstellt. Und eine Generation nach Ibsen haben wir auf der Bahnstrecke zwischen Oslo und Trondheim, der sogenannten Dovrebane, die ersten großen Dampflokomotiven bekommen, die nach dem Dovregreis »Dovregubben« getauft wurden.* Sie waren zweiundzwanzig Meter lang, wogen einhundertdreiundfünfzig Tonnen und brachten es bei voller Zuglast auf eine Höchstgeschwindigkeit von neunzig Kilometern pro Stunde. Zwischen 1931 und 1941 wurden insgesamt sieben Dovregreise gebaut – fünf in Norwegen, zwei in Deutschland, doch als die Krupp-Tyssen-Werke im Ruhrgebiet bombardiert wurden, endete die Zusammenarbeit mit den Deutschen. Ab 1950 wurden die Lokomotiven im Rahmen der Kampagne »Weg mit dem Dampf!« nach und nach abgeschafft, und die letzte »Dovregubben« absolvierte ihre Abschiedsfahrt im Dezember 1958.

Vor der Elektrifizierung der Dovrebane fuhren die Dampfloks auf der Strecke Otta–Trondheim und überquerten das Dovrefjell. Eine Weile dachte man auch über einen Einsatz auf der Bahnstrecke zwischen Oslo und Bergen nach. Für die Überwindung des Fjells wären die kräftigen Dovregreise genau richtig gewesen; das Problem war nur der kurvenreiche Abschnitt Bergen–Voss, der nicht für diese Kolosse ausgelegt war, und so wurden die Pläne nie verwirklicht.

Außerdem: So ein Dampf spuckender Dovregreis hätte in der Hansestadt wohl ebenso fehl am Platz und Furcht einflößend gewirkt wie ein riesiger Troll mitten in Oslo (sehr anschaulich festgehalten durch Theodor Severin Kittelsens Illustration *Troll auf der Karl-Johan-Straße* von 1892). Für so etwas ist nur Platz im Märchen.

* Sofern sich die norwegische Eisbahnbehörde Norges Statsbaner NSB von Ibsen inspirieren ließ, liegt in der Namenswahl etwas zutiefst (aber sicherlich unbeabsichtigt) Ironisches: In seinem letzten Drama *Wenn wir Toten erwachen* lässt Ibsen den Bildhauer Rubek, seine kosmopolitische Hauptfigur, darüber spotten, wie schnell man merke, dass der Zug die Grenze nach Norwegen überquert hat: Ab dann werde nämlich ständig angehalten, und zwar viel zu lange und ohne ersichtlichen Grund.

DUGNAD ['dʉ:gnad]

Um zu illustrieren, was sich beim Übersetzen trotz redlicher Bemühungen alles in Luft auflösen kann, gibt es kaum ein besseres Beispiel als die englische Standardübersetzung des norwegischen Bergriffs *dugnad*: voluntary work (freiwillige Arbeit).

Mit einem einsprachigen *Norsk Ordbok* kommen wir da schon ein ganzes Stück weiter: »freiwilliger und unentgeltlicher gemeinsamer Arbeitseinsatz (von Nachbarn, Vereinsmitgliedern o. Ä.) zur Erledigung einer bestimmten Aufgabe.«

Auf Gälisch soll es ein entsprechendes Wort geben, und Finnlandschweden kennen den aus dem Finnischen stammenden Ausdruck *talko*. »Im Reichsschwedischen haben wir kein Wort dafür«, schreibt ein schwedischer Philologe und fügt hinzu, *talko* bedeute mehr oder weniger das Gleiche wie das norwegische Wort *dugnad*. Dass die Schweden auf der Suche nach dem richtigen Wort übers skandinavische Gebirge blicken, passiert nicht sehr oft.

Als sprachliche Exportware hat *dugnad* sogar die riskante Fahrt über den Atlantik geschafft und sich in den Gegenden der USA etabliert, in denen sich norwegische Einwanderer niedergelassen haben. Anfangs diente das Wort als Bezeichnung für den gemeinsamen Arbeitseinsatz, mit dem die Wirtschaftsgebäude der Siedler entstanden. In kleinen, zum Teil isolierten Siedlungen, wo die Menschen allein von dem lebten, was der Boden hergab, war »unentgeltlich« eine eher unpräzise, um nicht zu sagen irreführende Beschreibung: Das Motto »Hilfst du mir heute, helfe ich dir morgen« fasst ein System zusammen, das auf Tauschhandel mit Dienstleistungen beruht und für das gegenseitiges Vertrauen, ohne schriftliche Vereinbarungen oder formelle Verträge, von grundlegender Bedeutung war.

Auf Einwanderer kann diese norwegische Tradition etwas fremd und abschreckend wirken. Die Stand-up-Komikerin Shabana Rehman Gaarder, die in einer pakistanischen Familie in der Osloer Trabantensiedlung Holmlia aufwuchs, gibt bei ihren Auftritten gern folgende Kindheitserinnerung zum Besten: »Am liebsten wollten wir einfach hinter zugezogenen Gardinen Bollywood-Filme gucken. Wenn wir rausgingen, wollten die Norweger uns nur wieder bei irgendeiner *dugnad* dabeihaben.«

In unserer so lästig modernen Zeit gibt es bereits die ersten beunruhigenden Anzeichen dafür, dass diese Sicht auf die Vorzüge des Stubenhockens nicht nur unter Einwanderern verbreitet ist. Immer häufiger wird in der Zeitung von waschechten Norwegern berichtet, die sich von der alljährlichen Frühlings-*dugnad* ihrer

Hausgemeinschaft, einem gemeinschaftlichen Arbeitseinsatz in Treppenhaus und Garten, freikaufen wollen, anstatt auf traditionell solidarische Weise mitanzupacken, im Namen der Unentgeltlichkeit. Natürlich haben wir immer weniger Zeit; viele erledigen abends noch Dinge, die tagsüber auf der Arbeit liegen geblieben sind und um die man sich dank der Computertechnik nun auch von zu Hause aus kümmern kann.

Aber *dugnad* ist nun mal nicht *dugnad*, wenn man dafür bezahlt. Dann verschwindet das Wort vielleicht sogar aus den Wörterbüchern und löst sich gänzlich in Luft auf, weil es Übersetzern schlicht und ergreifend nicht mehr unterkommt.

ELG ['ɛl:j]

ELCH

Der Elch (*Alces alces*) ist das größte Säugetier, das heutzutage in Norwegen lebt. Ein Bulle bringt ein Gewicht von bis zu achthundert Kilo auf die Waage und erreicht eine Schulterhöhe von bis zu zwei Komma drei Metern.

Er wird auch König des Waldes genannt, vermutlich wegen seiner Spitzenposition auf der Schwergewichtsskala. Am häufigsten kommt er jedoch auf Straßenschildern vor, und zwar nicht ohne Grund: Eine Kollision zwischen Elch und PKW kann ernste bis tödliche Folgen haben, nicht nur für den Elch. Wenn manche dieser Schilder mit dem Zusatz *Stor elgfare* (»Erhöhte Elchgefahr«) versehen ist, so weiß jeder norwegische Autofahrer, dass mehr dahintersteckt als nur der Wunsch nach ein bisschen Abwechslung vonseiten der Verkehrsbehörden.

Vom Aussterben bedroht ist der Elch in Norwegen nicht gerade, trotzdem ist die Elchjagd bei uns auf einen kurzen Zeitraum im Herbst begrenzt, und die örtlichen Wildämter legen Quoten für die Abschüsse fest. Während der wenigen Tage, an denen gejagt werden darf, müssen die meisten anderen gesellschaftlichen Aktivitäten hintenanstehen, vom Vereinsleben und den damit verbundenen Versammlungen bis hin zum Beerenpflücken. Letzteres gilt zur Jagdzeit als ziemlich riskant, selbst wenn man quietschbunte Kleidung trägt, die sich deutlich vom Fell des Elches abhebt; man kann sich nie ganz sicher sein, dass dem einen oder anderen übereifrigen Jäger nicht doch mal der Finger ausrutscht.

Die Prinzipien der Elchjagd spiegeln in vielerlei Hinsicht den norwegischen, oder, wenn man so will, nordischen Gleichheitsgedanken wider: Alle Teilnehmer des Jagdtrupps bekommen die gleiche Menge an Elchfleisch, also nicht nur die Schützen, sondern auch die unbewaffneten Wachtposten. Und unter einem weiteren, vielleicht noch wichtigeren Gesichtspunkt ist die Elchjagd ebenfalls typisch norwegisch: Sie findet im Freien statt, in größtmöglicher Entfernung zur Zivilisation.

Der ruhige, schlendernde Gang des Elchs erweckt den Anschein von urnorwegischer Besonnenheit und kann selbst erfahrene norwegische Wandersleute zu der fälschlichen Annahme verleiten, das Tier sei ungefährlich. Ein Raubtier ist der Elch zwar nicht, aber wenn er sich erschreckt, kann er durchaus zum Angriff übergehen, und eine Elchkuh mit Kalb verfügt über einen mütterlichen Verteidigungsinstinkt, bei dem Obacht und Abstand geboten ist. Auch wenn eine Elchkuh nicht ganz so groß ist wie ein Bulle, liegt sie dem Menschen gegenüber klar im Vorteil, was sowohl Körpergewicht als auch Schnelligkeit betrifft.

Der Elch ist also ein Tier, mit dem nicht zu spaßen ist. Trotzdem muss auch hier Ironie erlaubt sein – ein wenig zumindest. Am bekanntesten ist wohl das Motiv »Elch im Sonnenuntergang«. Es steht für triefenden Kitsch und manifestiert sich gern in Form eines schlechten, oft in grellen Farben gemalten Bildes, das einen Elch im Profil an einem Waldsee und eine Sonne am blutroten Abendhimmel zeigt. Als klischeehaftes, massenproduziertes Produkt innigster Nationalromantik fällt diese Art von Kunst nicht selten zynischer Satire zum Opfer, vor allem vonseiten intellektueller Großstädter, die noch nie in ihrem Leben Dreck unter den Fingernägeln hatten und von den Vorzügen nonfigurativer Kunst überzeugt sind.

Ein kurzer, legendärer Dialogsketch aus dem satirischen Radioprogramm »Hallo i uken«, das von 1989 bis 2013 jeden Samstag auf dem Sender NRK lief, ist da schon deutlich raffinierter. Die Sprecher befinden sich hier in sicherem Abstand zum Großstadtdschungel:

»Raffst du, warum so viele Mädels in die Stadt ziehen, um im Café zu sitzen?«

»Nee. Kaffee trinkt man doch am besten vor dem eigenen Haus.«

»Ja.« (Lange Pause) »Und Elche gehören auch dazu.«

*

Es gibt eine Legende, durch die der Elch zu etwas ganz Besonderem wird, und zwar weit über den von Thorbjørn Egner abgesteckten Rahmen hinaus (bei ihm hält der Elch eine Rede zu Ehren des fünfzigsten Geburtstags von Meister Petz). Wie alle Lebewesen ist der Elch natürlich sterblich, trotzdem findet man so gut wie keine Elchkadaver oder -knochen in der Natur. Jäger und andere, die auf ihren Wanderungen viel Zeit im Wald verbringen, wissen darüber Folgendes zu berichten: Fast jeder von ihnen hat schon mal einen Elch dabei beobachtet, wie er in einen See watet, losschwimmt und schließlich verschwindet. Die Erklärung lautet, dass die Tiere sich ertränken, sobald ihr Ende naht.

Dass es auch Menschen gibt, die freiwillig in den Tod gehen, ist klar. Sind die Geschichten über den Elch jedoch wahr, so spricht das für eine ziemlich extreme Form der Selbstbestimmung, die nicht individuell, sondern kennzeichnend für die ganze Art ist.

Kein Wunder, dass der Elch auch ohne seinen wäldlichen Herrschertitel eine ganz bestimmte Saite in uns Norwegern zum Schwingen bringt. Elche gehören für uns einfach dazu.

FELLESFERIE ['fɛlːəs'feːrɪə]
GEMEINSCHAFTSFERIEN

Im Juli macht in ganz Norwegen alles dicht. Der Sommer ist bei uns so kurz, dass in dieser Zeit nur die allernotwendigsten Stellen besetzt sind: im Gesundheitssektor, im öffentlichen Verkehr, bei der Polizei, in einigen wenigen Geschäften, Hotels und Restaurants (nicht zuletzt wegen der vielen ausländischen wie einheimischen Touristen, die ein Dach über dem Kopf, vielleicht sogar ein Hotelbett und etwas zu essen brauchen).

Früher hatte im Sommer noch weniger geöffnet, und der Begriff *fellesferie*, Gemeinschaftsferien, hatte eine Bedeutung, die in unserem Jahrzehnt zunehmend verschwindet. Selbst Fabriken, die auf Lager produzieren konnten, blieben den Juli über geschlossen. Mittlerweile sind Lager aus der Mode gekommen, stattdessen redet man heute vom sogenannten JIT-Prinzip: Belieferung »just in time«. Im Klartext heißt das, dass im Transportsektor immer weniger Unternehmen Ferien machen können. Früher mussten lediglich einige Lebensmittelhersteller, darunter auch Bauern, und die Medien durchackern. In diesen Bereichen war man nun mal darauf angewiesen, möglichst frische Ware zu liefern.

Da heute weniger Menschen in der Industrie, dafür mehr im Dienstleistungssektor arbeiten, sind die Gemeinschaftsferien als Gesellschaftsphänomen nicht mehr ganz so spürbar wie einst. Der Begriff aber ist uns in Norwegen erhalten geblieben, und wir neigen noch immer dazu, in den gleichen Bahnen zu denken wie eine Generation vor uns.

Für Norweger, die im eigenen Land Urlaub machen, hat das Wetter während der großen Ferien einen nicht unerheblichen Einfluss auf die Stimmung in den folgenden acht Monaten. Ein verregneter Sommer mit dichter Wolkendecke kann sich bis zur Tag-und-Nacht-Gleiche im Herbst wie ein bleierner Vorhang über das Gemüt des Norwegers senken. Ab dann sind die Tage plötzlich wieder kürzer als die Nächte, und bis zur Rückkehr der Frühlingssonne sieht es erst mal finster aus – eine kleine Aufmunterung bieten da nur die Feiertage mit Geschenken und Kerzenlicht zu Weihnachten. Und die Gedichtzeile »Ach wär' ich nur in einem wärmeren Land« des Dialektologen Ivar Aasen, auf dessen Bemühungen die zweite offizielle Schriftsprache Norwegens, das Nynorsk (»Neu-Norwegisch«), basiert, stimmt selbst eingefleischte Gegner des Sprachschmieds aus Sunnmøre versöhnlich, zumindest seinen meteorologischen Betrachtungen gegenüber.

FJELL ['fjɛl:]
GEBIRGE

Wie lange die Faszination noch anhält, ist unsicher, aber vorerst verspüren nach wie vor zahlreiche Norweger eine tiefe Verbundenheit mit dem Gebirge. Was uns da lockt, erscheint den allermeisten Nicht-Norwegern rätselhaft, um nicht zu sagen vollkommen unverständlich: Eine menschenleere Landschaft. Einsamkeit. Die langen Pausen vom Alltag.

Zum Teil stellt es sich von außen sogar noch drastischer dar, was wir Norweger jedoch nicht nachempfinden können, dazu fehlt uns schlicht die Grundlage. In den siebziger Jahren kamen die ersten vietnamesischen Bootsflüchtlinge nach Norwegen. Damals gab es noch keine Flüchtlingslager, aber da die Neuankömmlinge schließlich irgendwo hinmussten, wurde ein Teil von ihnen hoch ins Gebirge geschickt, wo es bitterkalt war. Bewohner des Nordens leben in glückseliger Unwissenheit über den herzzerreißenden, eisigen Schrecken, den ein Phänomen wie Kälte den Bewohnern dichtbesiedelter Tropengebiete einjagt. Und dann die Einsamkeit. Weit und breit kein Mensch in Sicht, und die Vegetation bestand höchstens aus ein paar Bäumen ohne Laub, die folglich tot oder zumindest krank sein mussten. Etwas Ähnliches wiederholte sich in den neunziger Jahren, als Flüchtlinge aus dem im Zerfall begriffenen, vom Bürgerkrieg zerrütteten Jugoslawien nach Norwegen kamen. Im Fjell gab es ehemalige Sanatorien, die nun leer standen und flüchtenden Bosniern als Unterkunft dienten, doch die verbanden mit derart abgelegenen Orten nicht unbedingt Sicherheit. Auch während der Flüchtlingskrise 2015 wurden Menschen auf der Flucht im norwegischen Gebirge einquartiert. Noch bevor sie Europa erreichten, hatten sie große Strecken zurückgelegt, und ihre Wanderung ging noch ein ganzes Stück weiter, bis sie irgendwann nach Norwegen kamen. Hier gab es nicht sehr viel zu tun, und das Beschäftigungsprogramm, das ihren norwegischen Gastgebern ganz natürlich erschien, traf nicht unbedingt den Geschmack aller Teilnehmer: lange Wanderungen durch die Natur!

Unzählige Regalmeter norwegischer Dichtung sind vom Gebirge inspiriert – oder von der Sehnsucht nach weiten Hochebenen. Dort oben findet man Freiheit, und nichts hindert die Aussicht, den Blick in die Weite. Selbst in unserer modernen Zeit besteht noch die Möglichkeit, eine Weile mal nicht erreichbar zu sein, wenn man nur die entsprechende Höhe erreicht: ein unfassbarer Luxus – solange uns nicht die Rastlosigkeit packt. Möglicherweise ist meine Generation tatsächlich die letzte, die noch aufrichtige Freude über diese Art der technischen Abnabelung aufbringen kann.

Dass die norwegischen Berge nicht nur hoch, sondern auch noch schön sind, haben wir zum ersten Mal von Ausländern erfahren, doch das ist heute natürlich vergessen. Im neunzehnten Jahrhundert tauchten plötzlich wohlhabende englische Touristen aus der Upper Class auf und fingen die norwegische Landschaft in Worten und Aquarellen ein. Für uns, oder eher gesagt für unsere Vorfahren, waren »die alten Berge am Horizont« der Inbegriff von Sicherheit, denn sie waren »stets gleich anzusehen«, wie der Sprachforscher und Dichter Ivar Aasen schreibt. Von der Beständigkeit der Gebirge zur Schönheit, die man ihnen heute zuspricht, war es jedoch ein ziemlich weiter Sprung.

Heutzutage fungieren unsere »schönen« Berge als wahrer Besuchermagnet: Ein Selfie an spektakulären Aussichtspunkten wie dem Preikestolen in Ryfylke oder der Trolltunga in Hardanger macht in Lateinamerika oder Asien ordentlich was her. Somit bleibt uns nichts anderes übrig, als zu tun, wovon norwegische Politiker am häufigsten reden, nämlich für die entsprechenden Rahmenbedingungen zu sorgen und die Wanderwege für gebirgsunerfahrene Ausländer möglichst sicher zu gestalten.

Die norwegische Sicht auf die Berge (wenn sie nicht da sind, fehlt etwas) wird aber auch von anderen Nationen geteilt. In der schweizerischen Luftwaffe kursieren Geschichten darüber, dass Jagdflieger aus den Alpen an den Fliegerschulen in den USA handfeste Orientierungsprobleme bekommen. Im Mittleren Westen gibt es nämlich keine Berge, sondern nur Luft, soweit das Auge reicht. Wonach soll sich der Pilot da richten? Und in den sechziger Jahren stellte der legendäre sowjetische Skispringer Koba Zakadse den Wortschatz und die lyrische Ader seiner Dolmetscher auf die Probe, als er von den Bergen in seinem Heimatland Georgien zu schwärmen begann. Dagegen waren die Hügel im Osloer Umland ein Witz. Und das brauchte er sich nicht erst von Ausländern erzählen zu lassen.

Der Begriff *fjellheimen* jedoch ist durch und durch norwegisch und für einen Mann wie Zakadse völlig unverständlich. *Fjellheimen* bezeichnet die norwegische Gebirgswelt, die Sagen zufolge von Riesen bewohnt ist, wie auch die Gebirgsnamen *Jotunheimen*, die Welt der Riesen, und *Trollheimen*, die Welt der Trolle, verraten. Übernatürliche Wesen, die auf Berggipfeln hausen, gab es zwar auch in anderen Ländern, aber im Gegensatz zu den griechischen Göttern, die den Olymp für sich alleine hatten und sich hoch oben, fernab vom Alltag, philosophischen Grundproblemen widmeten, konnte man den norwegischen Riesen durchaus über den Weg laufen. Sie waren schon immer nur einen Fußmarsch entfernt.

Wie verbreitet die traditionellen Vorstellungen vom Gebirge heute in Norwegen noch sind, ist fraglich. Verlässlich sollten sie sein, die Berge. Wie schon an anderer Stelle erwähnt: Dovre fällt nicht (siehe Dovre, Seite 69). Aber dann sind da die vielen Bergrutsche; in Westnorwegen werden zum Teil wichtige Straßen unter herabrollenden, busgroßen Felsbrocken begraben. Auf einem neuen Straßenabschnitt in Vestfold – nicht gerade die bergreichste Gegend Norwegens – mussten Anfang dieses Jahrzehnts die Tunnel gesperrt werden, weil es zu Steinschlägen gekommen war. In Holmestrand, das ebenfalls in Vestfold liegt, mussten Felsblöcke am Hang gesichert werden. In Nord-Trøndelag hat man drei Jahre lang oberhalb der E6 südlich von Steinkjer Schiefer abgetragen, bis die Straße endlich sicher war. Ironischerweise heißt der Berg, dessen Hang es dort zu sichern galt, Løsberga, was auf den ersten Blick so aussehen könnte, als wären die Erdrutsche hier vorprogrammiert: *løs* bedeutet nämlich »lose«. Das ist jedoch irreführend, denn eigentlich geht der Name des Berges auf den Hof Løe zurück.

Etwas Ähnliches geschah 2015 und 2016 mit dem Berg Mannen (»der Mann«) in Romsdal. Er begann sich zu bewegen, so dass befürchtet werden musste, er sei im wahrsten Sinne des Wortes ins Rutschen geraten. Es ging nur um ein paar Millimeter pro Tag, aber typisch für unsere heutigen Wetterverhältnisse war der Niederschlag der Bergbewegung natürlich um mehrere Millimeter voraus und verschärfte die Lage. Somit mussten die Talbewohner evakuiert werden, und eine Straßensicherung, wie sie hier stattfand, hat man selten gesehen. Wie gesagt: Auch norwegische Berge sind nicht mehr das, was sie mal waren.

Aber uns bleibt ja immer noch Dovre.

FJORD ['fju:r]

»Did you see the fiords?«

So lautet die obligatorische Frage, die heimkehrende Touristen in weiten Teilen der Erde im Anschluss an ihren Norwegenurlaub gestellt bekommen. Die norwegischen Fjorde sind legendär, auch wenn man sie lediglich aus Filmen oder von Fotos kennt. Und das liegt nicht nur daran, dass auf diesen Aufnahmen immer gutes Wetter ist.

Mitte der 1970er Jahre habe ich einen russischen Autor und seine Frau auf einer Reise nach Westnorwegen als Guide und Dolmetscher begleitet. Das Jahr war bereits so fortgeschritten, dass der typisch westnorwegische Dauerregen eingesetzt hatte, die Wolken hingen melancholisch oder vielmehr deprimierend tief an den Berghängen. Die beiden Urlauber waren gut informiert, sie wussten von den norwegischen Fjorden, und ich als Reiseleiter war von allen am wenigsten darauf vorbereitet, welch überwältigenden Eindruck die Landschaft bei meinen Gästen hinterlassen würde. Obendrein waren sie Intellektuelle; tiefsinnige, komplexe Gedanken über ihr eigenes Land und den Rest der Welt waren ihnen das Wichtigste. Und wie die meisten Russen waren sie außerordentlich gesprächig. In Flåm aber, dem von steilen Berghängen umgebenen Ort tief im Inneren des Aurlandsfjords, verstummten sie. Obwohl die Bergwände und die kurvenreichen Sträßchen durch den dichten Regen kaum zu sehen waren, schienen die beiden die Landschaft dennoch auf eine mir unerklärliche Weise wahrzunehmen, und sie zeigten sich genauso beeindruckt, als läge das Flåmsdal in strahlender Sonne vor ihnen.

Wen es an die westnorwegischen Fjorde zieht, für den ist der Oslofjord kein Fjord, sondern nur ein Streifen Wasser. Drøbak und Sandefjord, Larvik und Tønsberg, das alles ist ja durchaus idyllisch, aber will man in Ostnorwegen einen Fjord sehen, ist das höchste der Gefühle wohl die Aussicht über den Tyrifjord (der streng genommen gar kein Fjord ist, sondern ein See), vorausgesetzt, man befindet sich weit genug über dem Wasser.

Und wie sehen wir Einheimischen das? Zwischen dem Geiranger- und dem Sognefjord im Westen und dem Oslofjord im äußersten Osten besteht natürlich ein Unterschied. Doch die Berglandschaft, die zu einem richtigen Fjord dazugehört, findet man erst ein gutes Stück die Nordlandküste hinauf, zumindest vom offenen Meer aus betrachtet.

Dort, und noch weiter im Norden, hat man wirklich »the fiords« gesehen. Ich selbst bin in einer Landschaft aufgewachsen, wie sie der Autor Peter Egge (1869-1959) in seinem Roman *Inne i fjordene* (»Im Inneren der Fjorde«) schildert. Und auch wenn ich zugeben muss, dass der Trondheimsfjord durchaus schön ist (was mir allerdings auch erst jemand sagen musste, bevor ich es selbst sah), lautet meine ganz nüchterne Einstellung: Nun ja, er ist halt da. Aber ein richtiger Fjord? Nein. Dazu fehlen ihm die hohen und steilen Bergwände.

Doch so wie Finnland das Land der tausend Seen ist, gilt Norwegen als Heimat der Fjorde, mit den Bergen als Dekoration und Touristenmagnet Nummer zwei. Wir haben einiges zu bieten, und das sieht man auch im Ausland so. Dass die Fjorde ursprünglich einen ganz praktischen Zweck erfüllten, ist in unserer modernen Zeit weitgehend in Vergessenheit geraten. Sie lieferten nicht nur Lebensmittel, sondern dienten in großen Teilen des Inlands auch als wichtige Verkehrswege. Inselbewohner, die keine Brückenverbindung bekamen, als sich der Verkehr im Land mehr und mehr vom Wasser auf die Straßen verlagerte, waren plötzlich viel isolierter als vorher.

Das Wort *Fjord* geht auf das altnordische *fjǫrðr* zurück und ist etymologisch mit Wörtern wie *fare* (fahren, reisen) sowie *ferd* (Fahrt, Reise) und *ferdsel* (Verkehr) verwandt. Noch heute finden wir den Wortstamm in Ortsnamen wie Oxford und Frankfurt, wobei *-ford* und *-furt* hier eine flache Stelle in einem Bach- oder Flusslauf bezeichnen, an der das Gewässer überquert werden kann. Fluss hin, Fjord her – so oder so geht es um Verkehr.

Die Schönheit dieser praktischen norwegischen Verkehrsadern nahmen nur eingefleischte Romantiker wahr. Der hart arbeitende Rest, dem es vor allem ums Brötchenverdienen ging, hatte für so etwas weder den richtigen Blick noch Zeit.

FEMMILA ['fɛm:i:la]

DER FÜNF-MEILEN-LAUF

Ein Skiwettlauf über fünf norwegische Meilen (fünfzig Kilometer) galt lange als ultimativer Männlichkeitstest, der der Grenze dessen, was ein Mensch sich zumuten sollte, gefährlich nahekam. So war es schon im Februar 1888, als im Stadtteil Majorstuen von Kristiania, dem heutigen Oslo, zum ersten Mal der Startschuss für den sogenannten *Femmil*, den Fünf-Meilen-Lauf, fiel. Als Sieger kam damals Torjus Hemmestveit aus Morgedal ins Ziel. Unter den Zuschauern befand sich auch Fridtjof Nansen, der gerade seine Doktorarbeit zum *Nervensystem des Schleimaals* eingereicht hatte und bereits einen noch größeren Männlichkeitstest plante: eine Skitour quer durch Grönland. Auch Hemmestveit und dessen Bruder wollte er dabeihaben, doch die Mutter der beiden war dagegen, und so mussten die Brüder zu Hause im verschneiten Tannenwald von Telemark bleiben. Starke Frauen waren schon zur Wikingerzeit ein bekanntes Gesellschaftsphänomen, das in den Sagas ausgiebig beschrieben ist. Doch selbst unter Berücksichtigung des zeitlichen Abstands von einhundertdreißig Jahren wirkt das mütterliche Durchgreifen in der Welt dieser harten, abenteuerlustigen, aber schweigsamen Kerle irgendwie unpassend, ja fast widernatürlich.

Nansens Gefolgsmänner, zwei Samen und drei Norweger aus Nord-Trøndelag, fragten erst gar nicht – oder pfiffen darauf –, was die Frauen in ihrem Umfeld über lange, nicht ganz ungefährliche Skitouren dachten. Nansens Mutter war bereits tot, und seine enge Freundin und spätere Ehefrau Eva Sars hatte erst recht nichts dazu zu sagen.

Es dauerte zwar ein paar Jahre, doch mit der Zeit etablierte sich der Fünf-Meilen-Lauf, und *Femmila* wurde ein feststehender Begriff. Norweger, die Jahrgang 1940 oder älter sind, erinnern sich noch gut an das legendäre Rennen, das im Rahmen der olympischen Winterspiele 1951 stattfand. Es endete mit einem finnischen Doppelsieg, und die Schneeverhältnisse waren durch den nassen Neuschnee so ungünstig, dass Veikko Hakulinens Siegerzeit drei Stunden, dreiunddreißig Minuten und dreiunddreißig Sekunden betrug. Die kann man sich zumindest gut merken.

Ab den 1970ern nahm der alljährliche Wettlauf, der mittlerweile am Holmenkollen stattfand, Züge eines nationalen Volksfestes an, was seinen Status als norwegisches Winterritual noch verstärkte. Schon am Nachmittag vor dem Tag des Wettlaufs zogen eingefleischte Fans hinaus in die Nordmarka, schlugen neben der Loipe ihre Zelte auf, machten Lagerfeuer, rösteten Würstchen, und wenn die Läufer vorbeikamen, schwang man Fähnchen und jubelte ihnen zu. Der eine oder andere Schluck

Bier floss mit Sicherheit auch. Und die Zuschauer waren so sportlich, dass sie langsamere Teilnehmer aus schneearmen Gegenden wie Costa Rica und Spanien ganz besonders anfeuerten.

Etwa zu dieser Zeit kam es zu grundlegenden Veränderungen: Die Ausrüstung wurde besser, Skier aus Holz gehörten nunmehr der Vergangenheit an, das Tempo wurde insgesamt höher, die Raststationen mit Hafersuppe und Blaubeersaft waren passé; plötzlich hatten es die Läufer so verflucht eilig, dass der urnorwegische Charakter des Wettlaufs flöten ging zugunsten einer modernen Hetzjagd nach Bestzeiten. Mit der Einführung einer einheitliche Startzeit, die weitaus fernsehfreundlicher war als versetzte Starts, wurde auf einmal alles viel übersichtlicher, und die durch Zwischenzeiten und umständliches Kopfrechnen erzeugte Spannung löste sich ebenfalls in Luft auf.

Dafür gab es nun ein neues, höchst unnorwegisches Spannungsmoment: Die Fünf-Meilen-Loipe war nicht mehr nur den wortkargen Waldkerlen aus Finnland, Schweden und Norwegen vorbehalten. Neuerdings gingen auch Deutsche, Russen, Polen und sogar Kanadier, Amerikaner und Italiener an den Start.

2013 erschien das große historisch-soziologische Werk über den berühmt berüchtigten Wettlauf: *Femmila* von Thor Gotaas. Es schildert ein Land und einen Sport im Wandel, wie das folgende Beispiel sehr schön zeigt: Sverre Stensheim (geboren 1933) vom Sportverein Snøhetta in Dovre reiste am Ende des jährlichen Spektakels stets mit dem Zug von Oslo zurück nach Oppdal. Von dort aus legte er die letzten Kilometer auf Skiern zurück. »Bis 1960 wurden ja bei uns in Nerskogen die Straßen nicht geräumt«, erzählte er. Dafür ging es von Oppdal aus schön bergauf. Eine zusätzliche Trainingseinheit konnte nie schaden.

Der fünfhundertelf-Seiten-Wälzer schneidet mit bewundernswerter Offenheit auch eine bisher kaum wahrgenommene Seite des traditionellen Männlichkeitstests an. Fünfzig Kilometer auf Skiern in einem luftigen Sportanzug – die enganliegenden »Kondomanzüge« (siehe Hjallis, Seite 121) waren längst noch nicht erfunden –, das war bei Temperaturen unter fünfzehn Grad minus gewiss kein Spaß. Und so ging es bei der ärztlichen Untersuchung nach Erreichen der Ziellinie unter anderem um die besten Stücke der Läufer und die Frage, ob möglicherweise eine akute Wärmebehandlung zur Sicherung der Fortpflanzungsfähigkeit notwendig war.

Vielleicht hatte die standhafte Mutter der Brüder Hemmestveit aus Morgedal ja doch gute Gründe für ihr entschiedenes Veto.

FOLKEKONGEN ['fɔl:kə'kʊŋ:ən]

DER VOLKSKÖNIG

Alle drei Könige, die seit der Auflösung der schwedisch-norwegischen Personalunion im Jahr 1905 in Norwegen auf dem Thron saßen, bekamen den Beinamen *folkekonge*, »Volkskönig«. In anderen Monarchien mit anderen, aristokratischeren Traditionen empfände man das wohl kaum als Ehrentitel, unvorstellbar. Bei uns hingegen schon.

Logisch ist das nicht, aber das ist die Monarchie als Staatsform in unserer Zeit auch nicht. Und wenn wir mal ein kleines Gedankenexperiment wagen und uns vorstellen, die schwedisch-norwegische Personalunion wäre nicht 1905, sondern erst 2005 aufgelöst worden, so wäre die Wahrscheinlichkeit, dass das Volk irgendeine andere Staatsform als die Republik gewählt hätte, wohl verschwindend gering gewesen. Damals aber setzte sich das Königtum durch, obwohl die Volksabstimmung in resoluter Regie von Christian Michelsen und Fridtjof Nansen, zwei republikanischen Realpolitikern, durchgeführt wurde. Doch das Volk sollte entscheiden.

König Karl Johann, der von 1818 bis 1844 zugleich König von Schweden und König von Norwegen war, versuchte in den 1820er Jahren, das gerade erst erlassene norwegische Grundgesetz zu ändern, demzufolge Adelstitel in Norwegen nicht mehr zulässig waren. Karl Johann, der aus adeligem Hause stammte, betrachtete Aristokratie und Adel als absolut notwendiges Fundament der Monarchie. In seinem Heimatland Frankreich hatte er den Niedergang der Oberschicht im Rahmen der Revolution erst kürzlich aus nächster Nähe miterlebt.

Ein König hat Aristokrat zu sein, so war das schon immer, Punkt aus. Von unseren letzten drei Königen war das einer ohne jeden Zweifel: Prinz Alexander, der spätere König Olav V., Enkel von Edward VII., geboren in Sandringham House, dem Landsitz der englischen Königsfamilie, Großneffe von Prinzessin Dagmar von Dänemark, die später als Marija Fjodorowna Russlands vorletzte Zarin wurde, und außerdem Großneffe von Königin Alexandra von England. Er sprach fließend Englisch, und es war nicht zu übersehen oder zu überhören, dass er London als seine wahre Heimat empfand. Doch er nahm seine Rolle ernst, war begeisterter Skispringer, brachte Norwegen eine olympische Goldmedaille im Segeln ein und trug Jahr um Jahr denselben abgenutzten Langlaufanorak. Schließlich gab es den legendären Schnappschuss von ihm in der Straßenbahn, aufgenommen an einem autofreien Sonntag während der Benzinkrise in seinem sechzehnten Jahr auf dem norwegischen Thron – mit finsterem Blick, aber immerhin. Wie alle anderen war er auf dem Weg zur stadtnahen Langlaufloipe.

Für seinen Vater, Haakon VII., war die Distanz zum norwegischen Volk größer, obwohl er von ihm gewählt worden war. Eine Muttersprache wie Dänisch ist nun mal kein optimaler phonetischer Ausgangspunkt zum Erlernen anderer Sprachen, das weiß jeder, der sich schon einmal an dem dänischen Zungenbrecher *rødegrød med fløde* (»Rote Grütze mit Sahne«) versucht hat, und allen anderen sei gesagt: Die lautlichen Besonderheiten des Dänischen sind so gravierend, dass sie Linguisten zufolge sogar für den verzögerten Spracherwerb bei dänischen Kindern verantwortlich sein sollen.

König Haakons Verhältnis zur politischen Führung des Landes war unterkühlt. Als Gunnar Knudsens Regierung 1912 durch eine Änderung des Grundgesetzes die norwegischen Orden und Ehrenzeichen abschaffen wollte, drohte er prompt mit seiner Abdankung, dabei hatte er zu diesem Zeitpunkt nicht einmal sieben Jahre auf dem Thron gesessen. Im Parlament bekam der Regierungsvorschlag zwar einiges an Zustimmung, aber nicht die für Grundgesetzänderungen notwendige Zweidrittelmehrheit. Somit überlebte die Monarchie mit intaktem Auszeichnungswesen.

Während der Okkupationszeit betonte das Naziregime in seiner Propaganda die nicht-norwegische Herkunft des Monarchen, indem man ihn als »Carl Fredriksen von Dänemark« bezeichnete. Doch wer am 7. Juni 1945 aus dem Exil zurückkehrte, war nichtsdestotrotz *folkekongen*, »der Volkskönig«, wie Alf R. Jacobsen in seinem Buch *Kongens nei. 10. April 1940*, »Das Nein des Königs. 10. April 1940« schreibt.

Auch Haakons Enkel, König Harald, der in Olavs Fußstapfen trat, erwies dem Titel »Volkskönig« alle Ehre. Das wurde bereits durch das Lichtermeer auf dem Schlosshügel am Abend von König Olavs Tod im Jahr 1991 deutlich und dann noch stärker, als nach den Terroranschlägen vom 22. Juli 2011 ein öffentlich weinender König zu sehen war. Das machte solchen Eindruck, dass die Republikaner die Monarchiedebatte erst einmal ein Jahr lang auf Eis legten, bevor sie erneut an ihre prinzipielle Forderung nach einer Änderung der Staatsform erinnerten. Dabei wiederholten sie mehrmals, dass ihr Standpunkt keine persönlichen Gründe habe. Meinungsumfragen zufolge sind die zweiundzwanzig Prozent der Republikbefürworter bei der Volksabstimmung von 1905 inzwischen auf etwa dreißig Prozent angewachsen. Geht die Entwicklung in demselben dynamischen Tempo weiter, ist ungefähr im Jahr 2130 eine knappe Mehrheit für die Republik erreicht, pünktlich zum 1100. Jahrestag der Schlacht von Stiklestad, bei der König Olav II. fiel. Bestimmt ein würdiger Tag für die Abschaffung der norwegischen Monarchie.

Mit Zukunftsprognosen sollten wir schön vorsichtig sein, denn vor unerwarteten Ereignissen ist bekanntlich niemand gefeit; weder Institutionen noch einzelne

Bürger. Dennoch scheint alles darauf hinzudeuten, dass dem Königshaus wie auch uns Bürgern noch ziemlich viel Zeit bis zur Änderung der Staatsform beschieden ist – dem Königshaus womöglich mehr als uns.

Eine Monarchie sollte die Distanz zum Volk wahren, von Mystik umgeben sein und sich vor Einblicken von außen schützen, sonst kann sie nicht überleben. So lautet das Grundrezept, wie es der Redakteur und politische Denker Walter Bagehot in seinem bekanntesten Buch *Die englische Verfassung* beschreibt. Doch das erschien in Großbritannien, und zwar im 19. Jahrhundert.

Bei uns in Norwegen orientiert man sich lieber an Tante Sofie, die in Thorbjørn Egners Kinderbuchklassiker *Die Räuber von Kardemomme* Anstand und Ordnung fordert. Genau wie sie finden wir: Das passt nicht hierher. Also das mit der Mystik.

Wir wollen Nähe, mit einer echt norwegischen Tannennadelprise Abstandsaristokratie. Und die ist auch nur zur Zierde.

GRILLDRESS ['grɪl:'drɛs:]

GRILLANZUG

Ruß- und Fettflecken auf einem Jogginganzug – in Norwegen aufgrund seines Haupteinsatzgebiets auch als *grilldress*, Grillanzug, bekannt – sind noch lange kein Weltuntergang. Schließlich handelt es sich nicht um einen Sonntagsanzug, und im Regal für »legere Freizeitkleidung« landet der *grilldress* im untersten Fach. Außerdem ist er Männersache. Norwegische Männer müssen sich nicht in Schale werfen. Hauptsache, sie sind praktisch veranlagt und können nach außen erfolgreich vermitteln, dass sie die Dinge auf männlich zupackende Weise regeln.

Der Grillanzug ist zur Uniform des unglamourösen und häufig motorisierten Wildnisurlaubers avanciert. Dass gewöhnliche lange Hosen mit der Zeit an den Knien ausbeulen, ist unumgänglich. Nicht zuletzt, wenn man täglich mehrere Stunden hinterm Steuer verbringt, wie es bei Autoreisen zwangsläufig der Fall ist. Ein Grillanzug hingegen hat bereits vor dem ersten Tragen ausgebeulte Knie, und damit ist diese Sorge aus der Welt geschafft, noch ehe sie auftreten kann. Darüber hinaus hat man im Grillanzug reichlich Platz. Andere Kleidungsstücke neigen dazu, mit der Zeit einzulaufen, und Männer jenseits der vierzig können eine Hose gar nicht so schnell abtragen, wie sie aus ihr »herauswachsen«. Der Grillanzug hingegen lässt einen nie im Stich. Er passt immer – außer vielleicht in ein Modemagazin.

Rennstreifen haben die Jogginghose nicht unbedingt eleganter gemacht, aber maskuliner und somit auch beliebter. Die Streifen sind ein Symbol für wilde Entschlossenheit – zumindest werden sie so gedeutet: Hier haben wir ein Mannsbild, das alles im Griff hat und die Dinge ins Rollen bringt.

Aber der Grillanzug hat auch einen Haken: Sein Name verpflichtet. Wer ihn trägt, muss auch grillen können. Diese unvermeidliche Bedingung liegt darin begründet, dass der norwegische Mann von zwei Dingen fest überzeugt ist:

1.) Die Grillerei kann man unmöglich den Damen überlassen.

Dieser Glaube ist ein Relikt aus der Zeit, da die Herren der Schöpfung das erlegte Wild nach erfolgreicher Jagd in ihre Höhlen schleppten, wo die Frauen derweil das Feuer und die hungrige, auf den Vater wartende Kinderschar hüteten.

2.) Wenn man nicht Weltmeister ist, dann doch zumindest Grillmeister in der Regionalliga.

Die erste Überzeugung hat durchaus etwas für sich: Wo gegrillt wird, qualmt's, und Rauch stört die reizbaren Kehlen und Augen der Damenwelt. Punkt zwei hingegen ist ein Trugschluss, der sich nach einer rund dreißigjährigen Lehrzeit samt Grillexperimenten und regelmäßigen Rückschlägen in Form von angebranntem Essen jedoch meist von selbst aus der Welt schafft. In der Zwischenzeit sind die Kinder von zu Hause ausgezogen, und die Gattin ist längst nicht mehr so entzückt bei dem Gedanken an Campingausflüge und öffentliche Grillplätze wie in der kinderlosen Zeit. Und auch der Mann im Grillanzug wirkt inzwischen alles andere als elegant.

In den USA, der Wiege des Barbecue, *können* die Männer tatsächlich grillen. Zudem sind sie sich darüber im Klaren, dass man für's Grillen Zeit braucht und Einweggrills höchstens für die Hersteller Vorteile haben. Amerikanische Männer beherrschen die Grillkunst sogar so gut, dass sie im Gegensatz zu uns Norwegern oft einen gediegenen Sommeranzug beim Barbecue tragen, und zwar ohne sich zu bekleckern.

Manchmal ist genau das der Unterschied zwischen Norwegen und dem Ausland.

FISKEVÆR ['fɪs:kə'ʋæ:r]
FISCHERDORF

Spitzt ein Norweger auf einer Kreuzfahrt durch die Hurtigruten die Ohren, hört er früher oder später folgende Standardfragen von neugierigen Briten, Deutschen, Amerikanern – und bei entsprechenden Sprachkenntnissen vermutlich auch von Chinesen und Japanern: Wie kann man hier leben? Wie machen die Leute das? Wovon leben die?

Ohne Fisch wäre das Leben in dieser Abgeschiedenheit undenkbar, aber das sehen die Touristen vom Schiff aus natürlich nicht. In einem Fischerdorf bildet Fisch die Lebensgrundlage, das weiß jeder, der selbst einmal an so einem Ort gelebt oder dort Bekannte hat. In kleineren Fischerdörfern wurde Fisch zum wichtigsten Tauschmittel, was jedoch nicht zwangsläufig reich machte. In größeren Fischerdörfern hingegen wurden nach und nach Häfen errichtet, der Fisch wurde veredelt, gepökelt und getrocknet. Schiffe wurden gebaut und gewartet, Ausrüstung produziert – und die Belohnungen für diesen Einsatz spiegeln sich heute nicht nur auf der Europa-Karte, sondern auch in diversen Wörterbüchern wider: So ist beispielsweise das französische Wort für Dorsch, *cabillaud*, eine Abwandlung des norwegischen Städtenamens Kabelvåg.

Und damit zur Demographie: Norweger, deren Gedächtnis gerade mal bis zum Beginn der Wohlstandsentwicklung in den siebziger Jahren zurückreicht (Stichwörter: Öl, reichstes Land der Welt), können sich wohl kaum vorstellen, dass die Fischerdörfer in der nördlichen Finnmark einst wahre Einwanderungsmagneten waren. Während der großen Hungersnot im späten neunzehnten Jahrhundert erzählte man sich im Norden Finnlands von einem nicht allzu weit entfernten Land, wo man sein Essen einfach aus dem Meer fischen konnte. Es wäre übertrieben, von einer Völkerwanderung zu sprechen, Fakt ist aber, dass in dieser Zeit zahlreiche Finnen aus den Streusiedlungen im Norden des Landes an die norwegische Küste auswanderten. So viele, dass der finnische Einfluss in einer nordnorwegischen Dorfgemeinschaft in den 1920er und 1930er Jahren nicht nur als Bedrohung für die norwegische Kultur, sondern auch für die allgemeine Sicherheit angesehen wurde. »Die finnische Gefahr« wurde zum stehenden Begriff und zum ernsthaften Problem:

So stationierte der norwegische Geheimdienst einen seiner Spione als Hausmeister in der norwegischen Botschaft in Helsinki, der die faschistische finnische Lapua-Bewegung im Auge behalten sollte. Außerdem wurden zur Stärkung der norwegischen Identität etliche kulturelle Maßnahmen ergriffen, zum Beispiel die Subventionierung der Wochenzeitung *Hjemmet*, die auf Initiative des Bischofs Eivind Berggrav vom Bistum Hålogaland an alle norwegischen Familien im nördlichen Teil des Landes ausgeteilt wurde.

Eine Generation früher hatten der norwegische Unternehmergeist und das Talent, sich die Ressourcen des Meeres zunutze zu machen, ein Stück weiter östlich zu anderen, doch ebenso überraschenden Sicherheitsproblemen geführt: Die norwegische Besiedlung der Halbinsel Kola sowie der daraus resultierende Handel sorgten zu Beginn des zwanzigsten Jahrhunderts, also bevor Norwegen volle Selbständigkeit erhielt, im russischen Außenministerium für Besorgnis. Vor allem die Geschäfte der Norweger auf der vierzig Kilometer östlich von Kirkenes gelegenen Fischerhalbinsel wurden als bedenklich eingestuft. Die geschäftstüchtigsten Unternehmer ließen sich in dem größeren Fischerdorf Tsypnavolok nieder, wo bis weit in die dreißiger Jahre hinein Deutsch gesprochen wurde. Den Großen Terror überlebten diese Gemeinden jedoch nicht, und bis zum Kriegsausbruch waren sie verschwunden.

Ein anderes »Grenzproblem« war einige Jahre zuvor gelöst worden: In den sechziger Jahren des achtzehnten Jahrhunderts herrschten Unruhen in Kristiania, dem heutigen Oslo, da russische Fischer regelmäßig die Grenzen im Norden missachteten und auf norwegischer Seite fischten, dort, wo der Jakobselv in die Barentssee mündet. Oft kam es zu unangenehmen Zusammenstößen, meist in Form von Wortgefechten zwischen russischen und norwegischen Fischern. Ein Marineoffizier, Kapitänleutnant Heyerdahl, wurde in den Norden entsandt, um die Situation zu bewerten. Sein Schluss: Kosten und Nutzen stünden in keinem Verhältnis, würde die norwegische Wehrmacht ein Orlogschiff für die ständige Überwachung der Grenze abkommandieren. Und wo keine Landmarke ist, könne man die Grenze auch schwer ausmachen. Da die Russen ein tiefreligiöses Volk seien, schrieb er in seinem Bericht, sollte man daher auf einer Klippe nahe der Grenze eine Kapelle errichten, die schon von Weitem zu erkennen wäre.

Die König-Oskar-II.-Kapelle ist winzig klein, mit nur zweiundsiebzig Sitzplätzen. Nach ihrer Einweihung im Jahr 1869 hörten die Überschreitungen tatsächlich auf. Die russischen Fischer blieben auf der Ostseite der Grenze.

Gott segne unser teures Vaterland.

Heute ist die Ortschaft Grense Jakobselv kein Fischer-, sondern ein Feriendorf, mit einem der schönsten und weißesten Sandstrände der Welt. Aber was hilft das schon? Die Barentssee lädt schließlich kaum zum Baden ein, nicht einmal während der drei Monate, in denen die Mitternachtssonne die Tage schier endlos erscheinen lässt. Das norwegische Wort für Fischerdorf lautet *fiskevær*. Der Wortteil -vær könnte durchaus auf Meteorologie oder Beschäftigungen unter freiem Himmel verweisen, schließlich bedeutet *vær* auch Wetter, aber nicht in diesem Fall. Hier leitet sich *vær* vom altnorwegischen *ver* ab, womit schlicht und ergreifend ein »Ort zum Fischen« bezeichnet wird. Das Wort gibt Aufschluss darüber, wie der Lebensunterhalt bestritten wird. Es ist also durchaus möglich, sich an einem *fiskevær* niederzulassen und sich dort seine Brötchen ... äh, Fische zu verdienen – was bei Touristen gleichermaßen zu Ver- und Bewunderung führt.

GRÅSONE ['gro:'su:nə]

GRAUZONE

Als *gråsone* (»Grauzone«) wird im Norwegischen ein Gebiet mit unklarer oder umstrittener Zugehörigkeit bezeichnet, ein Territorium also, auf das mehr als eine Partei Anspruch erhebt. In Norwegen hatte der Begriff von etwa 1975 bis 2010 eine politische Bedeutung, die bis weit über die einfache und langweilige Lexikondefinition hinausreichte.

Seinen exponierten, mitunter stürmisch debattierten Platz in der norwegischen Außen- und Innenpolitik erhielt der Begriff, als Norwegen und die Sowjetunion Verhandlungen über die Grenze in der Barentssee einleiteten, dem Meeresgebiet nördlich der Landesgrenze, wo der Jakobselv ins Salzwasser mündet.

Der norwegische Minister für Seerecht Jens Evensen und der sowjetische Fischereiminister Aleksandr Isjkov rangen sich zu einem Kompromiss durch. Dazu gehörte die sogenannte *gråsone*, ein von Evensen eingeführter Begriff.

Die Diskrepanz zwischen dem norwegischen »Prinzip der Mittellinie« (ein gerader Strich zwischen norwegischem und sowjetischem Territorium) und dem sowjetischen »Sektoren-Prinzip« (ein gerader Strich Richtung Nordpol) bezog sich auf ein mehr als hundertfünfundsiebzigtausend Quadratkilometer umfassendes Gebiet, was gut der Hälfte des norwegischen Festlandes entspricht. Die »Grauzone« machte den südlichen Teil dieses Areals aus. Völkerrechtlich betrachtet verfügten hier beide Länder über geteilte Souveränität.

(Heiter über dieses Thema zu schreiben ist ein schwieriges Unterfangen. Wer sich lieber amüsanteren Themen widmen möchte, sollte daher den Rest des Kapitels überspringen und mit dem nächsten weitermachen, auf die Gefahr hin, einen wertvollen Appell, ja vielleicht sogar eine Erkenntnis zu verpassen: Mit manchen Dingen in dieser Welt ist nun mal nicht zu spaßen.)

Evensen und Isjkov unterschrieben den sogenannten »Grauzonenvertrag« am 11. Januar 1978 in Oslo. Er war als provisorische Regelung gedacht, bis ein endgültiger Grenzvertrag geschlossen wäre, und musste jedes Jahr aufs Neue verlängert werden. Viele waren der Meinung, die schwammige Regelung käme den Russen zupass, sie hätten gar kein Interesse an einer finalen Lösung. Vor einem Staatsbesuch des russischen Präsidenten Dimitrij Medwedew im April 2010 in Oslo wurden jedoch geheime Expertenverhandlungen zwischen den Ländern abgehalten, und am Tag von Medwedews Ankunft wurde bekanntgegeben, man habe sich endlich auf eine Grenzlinie geeinigt. Im darauffolgenden Juni wurde die Abmachung von der russischen Duma und dem norwegischen Storting ratifiziert, und am 7. Juli 2011 trat sie offiziell in Kraft. Plötzlich waren Notlösungen, Vertragsverlängerungen und der Begriff »Grauzone« in Hinsicht auf die norwegisch-russischen Seerechtsabsprachen obsolet.

Die bürgerliche Partei hatte Evensen von Anfang an vorgeworfen, er habe den norwegischen Standpunkt in den Grauzonenverhandlungen nicht vehement genug vertreten. Weiter zugespitzt hatte sich die Kritik, als der norwegische Diplomat Arne Treholt im Januar 1984 wegen mutmaßlicher Spionage für die Sowjetunion festgenommen wurde. 1985 wurde er zu zwanzig Jahren Haft verurteilt, aber im Juli 1992 begnadigt und freigelassen. Treholt hatte als Jens Evensens enger Mitarbeiter eine zentrale Rolle inne, weshalb er außerdem im Verdacht stand, den Russen in die Hände gespielt zu haben. Dafür wurde er jedoch weder angeklagt noch für schuldig befunden. Treholt stritt die Spionagevorwürfe konsequent ab, erst 1990, er saß nach wie vor ein, gab er in einem Interview mit dem Dänischen Radio zu, einem Kontaktmann beim KGB Einblick in die norwegischen Verhandlungsprotokolle gewährt zu haben. Tatsächlich hatte Jens Evensen zu einem besonders kritischen Zeitpunkt in den Verhandlungen bemerkt: »Es ist, als würden die unsere Standpunkte immer schon kennen.«

Der Begriff *gråsone* lebt auch in anderen Zusammenhängen weiter. Extremisten wie die IS wollen die

Welt von »Grauzonen« säubern. Sie beanspruchen für sich, im Recht zu sein und über andere bestimmen zu können, da sie meinen, sie verträten die einzig richtige Weltanschauung. Kompromisse und Zusammenarbeit über Konfliktlinien hinaus sind in ihren Augen eine Abweichung vom richtigen Weg und damit ein Werk des Teufels.

Norwegische Wörterbücher definieren *gråsone* als unübersichtliches, undefiniertes (!) Gebiet, häufig in der Nähe einer Grenze. In der Regel ist der Begriff dem Staatsrecht vorbehalten, aber auch bei gewissen Musikgenres spricht man von einer Art »Grauzone« zwischen Klassik und Jazz oder Rock und Pop. In Norwegen war das Wort jedoch vor allem ein viel diskutierter politischer Schlüsselbegriff, was die Beziehungen zwischen Norwegen und der Sowjetunion und später Russland betraf, und diese Verwendung ist auf den Zeitraum 1977 bis 2011 begrenzt.

FREDAGSTACO ['fre:dags'ta:ko]

FREITAGSTACO

Vor August 1960 hat in Norwegen wohl kaum jemand vor dem Fernseher gegessen. Dann aber führte die Norwegische Fernsehanstalt NRK feste Sendezeiten ein. Dank diverser beliebter TV-Shows wurde es in vielen norwegischen Haushalten zur festen Gewohnheit, sich zum Ausklang der Arbeitswoche bei einem späten Abendbrot in der TV-Ecke oder auf dem Sofa vor dem mehr oder minder säkularisierten und ansehnlichen Hausaltar zu versammeln.

Frikadellen in brauner Soße – ein Gericht, das die meisten älteren Norweger noch kennen – ist im Fernsehzeitalter nicht unbedingt die Idealbesetzung für die Hauptrolle auf der häuslichen Speisekarte. Deshalb haben die heißhungrigen Norweger sich lateinamerikanische Essgewohnheiten angeeignet. Heutzutage würzen sie ihre Lieblingssendungen gerne mit Tacos – ein Wort, das vor nur zwei Generationen kaum mehr als ein Prozent der norwegischen Bevölkerung überhaupt kannte.

Der Taco eignet sich vorzüglich als Sofagericht, da er sich ohne Zuhilfenahme von Besteck und Tischplatte vertilgen lässt. Hauptsache, man hat einen großen Teller und reichlich Servietten griffbereit. Er besteht aus Maismehl, kann verzehrfertig gekauft, wie ein Briefumschlag gefaltet und nach Lust und Laune mit angebratenem Hackfleisch, Zwiebeln, (nicht zu dünnflüssiger) Tomatensoße und Salat gefüllt werden. Wer die mexikanische Herkunft des Tacos würdigen will, gibt noch ein paar gemeingefährliche Tropfen Tabascosoße hinzu, ein Beitrag der westlichen Hemisphäre.

Durch die Globalisierung hat die norwegische Küche sich grundlegend verändert. Heute bleibt norwegischen Kindern das Gezeter ihrer Eltern, sie sollen mehr Fisch essen, erspart. Fisch eignet sich nämlich eher schlecht als Sofamahlzeit.

KUNSTSNØ ['kʉn:st'snø:]
KUNSTSCHNEE

Dass es im Norwegischen eine wahre Fülle an Vokabeln für Eis und Schnee gibt, ist ein hübscher Mythos, aber mehr auch nicht. In Wahrheit bringen wir es auf gerade einmal rund dreißig Wörter. Kein Mythos ist dagegen, dass im Samischen rund dreihundert Wörter dafür existieren, wie uns der schwedische Anthropologe und Fotograf Yngve Ryd 2007 in seinem Buch über den Rentierpfleger Johan Rassa gezeigt hat.

Der Klimawandel ist eine Bedrohung, die das Schneevorkommen merklich eindämmen wird. Deshalb gibt es Kunstschnee. Hergestellt wird er mithilfe von Schneemaschinen (die aus einer Eiskanone und einem Propeller oder eher einer Windmaschine bestehen), gesetzt den Fall, die Temperaturen sind niedrig genug, schließlich soll der frisch produzierte Schnee im Idealfall ein Weilchen liegen bleiben. Auf diese Weise können Skirennen selbst bei Schneemangel ausgetragen werden. Und wie wäre es um Norwegen bestellt, gäbe es keine Skiwettbewerbe mehr – inklusive der damit einhergehenden Heiserkeit der Sportreporter?

Das Gegenteil von Kunstschnee ist Naturschnee, oder wie wir in Norwegen sagen *villsnø*, wilder Schnee. Der fällt von ganz allein – na ja, höchstens mit Unterstützung der Wettergötter, wenn man denn einen Sinn für meteorologische Theologie hat. Die Geburt des Wortes *villsnø* lässt sich exakt datieren: Am 23. Dezember 1997 erklärte Rolf Nyhus vom Norwegischen Skiverband, auch bekannt als Pisten-General, er wünsche sich »wilden Schnee«, und wenn schon nicht pünktlich zum Heiligabend, dann doch wenigstens als verspätetes Weihnachtsgeschenk. Ein bisschen Schnee würde ja schon reichen, aber ganz ohne sähe es düster aus für das traditionelle Skifestival am Holmenkollen im März. Bis dahin waren es nur noch zehn Wochen, und vergangene schneelose Winter in der Region Østlandet ließen nichts Gutes ahnen.

Villsnø ist nicht zu verwechseln mit *tamsnø*, zahmer oder gezähmter Schnee. Das Wort stammt aus dem Jahr 2000, als dreitausend Kubikmeter Schnee in die Straßen von Oslo gekarrt werden mussten, für einen Skilauf. Dieser Schnee war auf natürliche Weise gefallen und gehörte eigentlich in die Kategorie *villsnø*. Aber da er erst einmal verlagert werden musste, erhielt er die Bezeichnung »gezähmter Schnee«. Man könnte meinen, wir Norweger hätten ernsthaft damit begonnen, dem winterlichen Wortreichtum der Samen nachzueifern, wobei es von dreißig zu dreihundert Wörtern natürlich ein weiter Weg ist.

Am übelsten setzte der schneearme Winter von 1952 den Menschen in Østlandet zu, vom sogenannten Knickerbocker-Adel (siehe Seite 146) ganz zu schweigen. Die Olympischen Winterspiele sollten in Oslo stattfinden, und obwohl im Norefjell und weiter oben im Hallingdal wie immer Schnee lag, war im Osloer Naherholungsgebiet Nordmarka nicht eine Flocke gefallen. Die Langlaufstrecken wurden daher in grüner Landschaft abgesteckt. Der Schnee würde doch sicher noch kommen, oder etwa nicht? Schneemaschinen gab es noch keine. Für eine Sprungschanze hätte man vielleicht noch genug Schnee herbeischaffen können, aber ausreichende Mengen aus dem Fjell für den Fünfzig-Kilometer-Lauf – na schön, zweimal fünfundzwanzig Kilometer, um genau zu sein – in die Nordmarka zu bringen, war schier unmöglich. Der Plan B sah vor, die Langstreckenläufe in höhere, aber unglücklicherweise dünner besiedelte Gegenden, die ein paar Hundert Kilometern entfernt waren, zu verlegen. Das Olympische Komitee wurde allmählich nervös. Die Eröffnungsfanfare sollte am 17. Februar ertönen. Die Ehre der gesamten Nation stand auf dem Spiel. Die Wiege des Skilaufens, die Heimat des Skisports etc. p. p. – und weit und breit kein Schnee?

Am 14. Februar fielen in Oslo die ersten Flocken. Endlich. Obendrein schneite es in solchen Mengen, dass es fast unmöglich war, den Tausendfünfhundert-Meter-Eisschnelllauf im Bislett-Stadion durchzuführen.

Auch zweiundvierzig Jahre später, bei den Olympischen Spielen in Lillehammer, waren weder Kunstschnee,

»gezähmter Schnee« noch panische Umzugspläne nötig. Die Wettergötter spielten Seite an Seite mit den Veranstaltern. Es war zwar ziemlich kalt, aber immerhin schien während des gesamten Wettbewerbs die Sonne. Einen Februar mit drei Wochen Sonnenschein am Stück hatte es in Lillehammer das letzte Mal 1927 gegeben.

Man munkelt, in der Ski- und Ölbranche glaube der eine oder andere fest daran, dass Gott ein Norweger sei. Oder eine Norwegerin.

HEL VED [he:l 'ʋe:]

»AUS SOLIDEM HOLZ«

Wenn ein Mensch all die guten Eigenschaften besitzt, die ein Norweger haben sollte, und sie auch noch regelmäßig unter Beweis stellt, wird ihm gern anerkennend attestiert, er sei *hel ved*. Übersetzt heißt das so viel wie »aus solidem Holz«. Wer *hel ved* ist, gilt als zuverlässig, anständig und über jeden Verdacht auf Charakterschwäche erhaben. Zwischen den Zeilen lässt das Kompliment jedoch erahnen, dass so ein grundanständiger Norweger nicht unbedingt der unterhaltsamste Zeitgenosse ist – aber das lässt sich angesichts der zahlreichen positiven Eigenschaften vielleicht verschmerzen.

Der Ausdruck *hel ved* hat seinen Ursprung in vergangenen Zeiten, als Handwerker ausgesprochen hohes Ansehen genossen. Ein Vertreter dieser Zunft galt als redlich und geschickt und war aufgrund seiner Erfahrung imstande, stets das richtige Material auszuwählen. Gutes Holz ist nicht nur frei von Rissen und anderen Makeln, sondern auch von Astlöchern und sonstigen Hindernissen für eine erfolg- und sinnreiche Bearbeitung.

In Norwegen war der Ausdruck erneut in aller Munde, als der Schriftsteller Lars Mytting sein Buch *Hel ved* veröffentlichte, das in der Übersetzung *Der Mann und das Holz* auch in Deutschland Erfolge feierte. Dass der

Titel zum Überraschungsbestseller avancierte, lässt sich folgendermaßen erklären: Norwegen ist ein Land mit großen Wäldern, und jedes Kind weiß, was Holz ist und welche Bedeutung Feuerholz in einem Land mit derart kaltem Klima hat. Erstaunlich ist aber, dass das Buch in zahlreiche Sprachen übersetzt wurde. Der Verlag verspricht den Lesern ganz nüchtern, sie erführen in dem Sachbuch alles übers »Fällen, Hacken, Stapeln – und die Kunst, ein schönes Kaminfeuer am Brennen zu halten«.

Letzteres könnte man gut und gerne in Rot, Weiß, Blau – den Farben der norwegischen Flagge – schreiben: Jeder Norweger mit Hang zum Rustikalen gerät nämlich geradezu in Wallung, wenn von einem wärmenden Kaminfeuer die Rede ist. Außerdem wärmt Holz mindestens drei Mal: Beim Fällen, beim Zurechtsägen und Stapeln und zu guter Letzt beim Verbrennen. Drei zum Preis von einem, würde der Marketing-Experte sagen, was natürlich nicht gerade poetisch klingt.

Aber vom Holz einmal abgesehen: Der Ausdruck *hel ved* lebt vor allem von der mit ihm assoziierten Charakterstärke und wird so zu einem Kompliment, das im Grunde nur wir Norweger verstehen – weil wir nämlich ein Gespür dafür haben. Vielleicht ist es gerade die nicht-intellektuelle Dimension des Ausdrucks, die Tatsache, dass er sich einer kalten, nüchternen Analyse entzieht, die ihm solche Kraft verleiht.

HJALLIS ['jal:ɪs]

Dieses Wort wird im einundzwanzigste Jahrhundert vermutlich nicht besonders lange überleben. Es handelt sich um den Kosenamen des Eisschnellläufers Hjalmar Andersen (1923-2013), der 1952 bei den Olympischen Winterspielen in Oslo drei Goldmedaillen holte und Weltrekorde bei fünftausend und zehntausend Metern aufstellte. Seinen Rekord von sechzehn Minuten, zweiunddreißig Sekunden und sechs hundertstel Sekunden auf zehntausend Metern in Hamar hielt er acht Jahre.

Wenn die Karriere eines Wettkampfsportlers vorbei ist – und länger als bis in die Mittdreißiger währt sie selten –, erwartet ihn in der Regel nur eins: die Vergessenheit. Doch als Hjalmar Andersen im Alter von neunzig Jahren starb, war er nach wie vor eine Berühmtheit. Er hatte sich nämlich ein zweites Standbein als Komiker, Geschichtenerzähler und Redner aufgebaut und sich dafür jener Fähigkeiten bedient, dank deren er schon auf Kufen die Konkurrenz abgehängt hatte. Auf dem Eis, selbst unter den härtesten Wettkampfbedingungen, war er als *Kong Glad*, König Fröhlich, bekannt. Und auch später machte er diesem Namen alle Ehre: Seine gute Laune war ansteckend, und die Geschichten sprudelten nur so aus ihm heraus, ganz gleich, ob er in einem Altenheim auftrat oder für die Seemannsmission oder die Norwegischen Handelsflotte um die Welt reiste. Daher war es auch nicht weiter tragisch, dass einige Anekdoten wegen der damals geltenden, ungeschriebenen Anstandsregeln nicht gerade radiotauglich waren.

Die Art von Rennanzügen, die Eisschnellläufer damals trugen, wurde in Norwegen ebenfalls *hjallis* genannt. Poetischer als lange Unterhosen klang das allemal. *Hjallis* lagen außerdem eng am Körper an, um den Luftwiderstand zu verringern. Inzwischen hat jedoch eine andere Bezeichnung Einzug in die Sportwelt gehalten: *kondomdress*, Kondomanzug. Da Hjallis' Schwänke mit etlichen sexuellen Anspielungen gespickt waren, handelt es sich womöglich um eine ganz natürliche Begriffserweiterung oder -entwicklung.

Obwohl wir Norweger ein sportaffines, wenn nicht gar sportverrücktes Völkchen sind, haben selbst wir hin und wieder ein paar Wissenslücken auf diesem Gebiet. Als ich um die Mitte des letzten Jahrhunderts herum an der Universität von Oslo mehr oder weniger ernsthaft studierte, machte eine Anekdote die Runde, die den Mehrwert hatte, tatsächlich wahr zu sein. Sie warf ein Licht auf den unverbesserlichen Hang der Academia, sich gegen die wesentlichen Dinge des Lebens zu verschließen. Professor Erik Krag (1902-1987), Experte für slawische, vor allem russische Literatur, war mit Leib und Seele ein Mann der Bücher und genoss als Wissenschaftler das ihm gebührende Ansehen. Unter uns Studierenden erzählte man sich, in den Fünfzigern habe er bei einer gesellschaftlichen Zusammenkunft einmal gefragt: »Wer ist denn eigentlich dieser Hjallis, von dem man ständig in der Zeitung liest?«

Vom Bereich der Sportmode einmal abgesehen, gibt es noch einen anderen Wintersportler, der einen zentralen norwegischen Begriff geprägt hat. Für Nicht-Norweger ist die Anspielung leider vollkommen unverständlich und deshalb bedarf es einer Erklärung, zumal Sporthelden wie gesagt nur ein begrenztes Haltbarkeitsdatum haben. *Å hoppe etter Wirkola*, »nach Wirkola springen«, wurde eine Art Umschreibung für die nervenzerreißende Aufgabe, nach einem großen Star auftreten zu müssen. Björn Wirkola (geboren 1943) aus der Finnmark war in den Sechzigern der bekannteste Skispringer, und daher war die Redewendung für alle Skiinteressierten selbsterklärend.

Aber die Vergänglichkeit setzt da an, wo junge Menschen – von denen es heutzutage nur so zu wimmeln scheint – noch nie von Wirkola gehört haben. Vielleicht klingt es wie eine lahme Geschichte oder gar Seemannsgarn, aber ich habe tatsächlich einmal gehört, wie ein sonst eloquenter Redner die geflügelten Worte folgendermaßen aussprach: »Es ist, als würde man nach Rucola springen.«

Manche Trends wirbeln alles durcheinander und mischen die Karten neu. In den sechziger Jahren, lange bevor der Schwede Jan Boklöv die Skisprungtechnik revolutionierte, hatte noch niemand von Rucola gehört. Und ganz wehmütig und unnorwegisch wird einem zumute, wenn man bedenkt, dass in nicht allzu ferner Zukunft selbst die ehrgeizigsten und akribischsten Sporthistoriker zum Lexikon greifen müssen, wenn sie auf Namen wie Boklöv, Wirkola oder Hjallis stoßen.

POLFARER [ˈpuːlˈfaːrər]
POLARFAHRER

Selbst für Norweger, die es gern sonnig und warm haben, gibt es nichts Norwegischeres als das Dreigestirn Fridtjof Nansen, Roald Amundsen und Otto Sverdrup. Warum? Weil diese Männer eisern genug waren, die weiten Wege zum Nord- und Südpol zu bewältigen und über lange Perioden enorme Kälte auszuhalten. Gleichzeitig waren sie Imperialisten. Aber erstens klang dieses Wort damals noch nicht so hässlich und abstoßend wie heute, und zweitens beanspruchten sie keine Gebiete für sich, in denen bereits Menschen lebten. Der Norweger fühlt sich in der Regel am wohlsten, wenn ihm niemand zu sehr auf die Pelle rückt. Deshalb hatten wir nie den Drang zu erobern, zu unterdrücken oder zu kolonialisieren, solcherlei Dinge überließen wir anderen Nationen.

Mit Ausnahme von Roald Amundsen und seiner sechsköpfigen Mannschaft, die im Dezember 1911 den Südpol erreichte, hat keiner unserer berühmtesten Polarfahrer je auch nur einen Pol aus nächster Nähe gesehen, trotz Schinderei, Durchhaltevermögen und enormer Kältetoleranz in der Eiswüste. Weiter schlimm war das nicht, schließlich brachten sie Norwegen ins Gespräch und hinterließen obendrein ihre Spuren auf der Landkarte. Ihre Methode war unfehlbar: Sie gaben den Orten, die sie passierten, einfach norwegische Namen. Und so wurden sie Polarfahrer genannt, bis heute, ganz gleich, wie die Wahrheit aussieht. Außerdem zeichneten sich die norwegischen Polarexpeditionen durch ein weiteres wesentliches Merkmal aus: Die Männer kehrten nach Hause zurück – keine Selbstverständlichkeit, wenn man sich so weit von der Zivilisation entfernt. Das blieb auch im Ausland nicht unbemerkt, was Norwegen neben einem gehörigen Konkurrenzvorteil auch Ruhm und Geld verschaffte, denn sobald jemand in den kältesten Gefilden der Welt verschollen war, wurden nun bevorzugt Norweger für die Planung und Durchführung der Rettungsexpeditionen angeheuert. Und wer waren die Vermissten? Tja, in der Regel keine Norweger.

Eine dieser Rettungsaktionen kostete den berühmtesten norwegischen Polarfahrer Roald Amundsen das Leben, als er sich 1928 auf die Suche nach seinem italienischen Kollegen Umberto Nobile begab. Zwei Jahre zuvor waren die beiden in einem Luftschiff über den Nordpol geflogen, das für die letzte Etappe kurzerhand von *Italia* in *Norge* umgetauft wurde. In Russland errang Amundsen durch die Rettungsaktion Heldenstatus, mehr als in Italien. Noch heute kann man im Polarmuseum in Sankt Petersburg eine von Amundsens Pfeifen bestaunen, ein ziemlich weltliches Relikt, dafür dass es auf einem Brett über dem Hauptaltar der entsakralisierten Kirche der Altgläubigen in der ehemaligen Zarenhauptstadt angebracht ist.

Als auch Amundsen vermisst wurde, bot sich Otto Sverdrup als Kapitän für ein Schiff an, das sich auf die Suche nach dem Polarhelden begeben sollte. Obwohl Sverdrup in der Vergangenheit für zwei ähnliche Rettungsexpeditionen rekrutiert und reich entlohnt worden war, wies man ihn diesmal ab, es hieß, er sei zu alt (er war dreiundsiebzig). Zwei Jahre später starb er nach längerer Krankheit an Krebs.

Das Ende der Polarexpeditionen war damit aber nicht besiegelt; man könnte sagen, sie lagen eine Zeitlang auf Eis, ehe sie in modernisierter Form zurückkehrten. Weiße Flecken gab es auf der Karte allerdings keine mehr. Bjørn Staib war vierundzwanzig, als er 1962 Grönland auf Skiern durchquerte und damit der Expedition nacheiferte, die Fridtjof Nansen vierundsiebzig Jahre zuvor gemacht hatte. Begleitet von Bjørn Reese, legte er die Strecke von der Ost- zur Westküste in einunddreißig Tagen zurück, deutlich schneller als Nansen. Anschließend plante das Duo eine Reise auf den Spuren Robert Pearys, der den Nordpol zwar nie erreicht, dies aber später behauptet hatte. 1964 machten sie sich mit einem Hundegespann auf den Weg. Die Presseishügel und Eislöcher waren natürlich kaum kooperativer als zur Zeit Nansens und Hjalmar Johansens, die sich bei ihrer ersten Expedition mit dem Schiff *Fram* (1893-1896) auf Skiern Richtung Norden begeben hatten. Bei sechsundachtzig Grad und einunddreißig Minuten mussten Staib und Reese kehrtmachen. Damit waren sie dem Nordpol siebzehn Minuten näher als Nansen mit seinen berühmten sechsundachtzig Grad und vierzehn Minuten. Trotzdem ging die Expedition als Fiasko in die Geschichte ein. Und das, obwohl die zwei nur die wichtigste der sogenannten *fjellvettreglene*, der »Verhaltensregeln für Sicherheit bei Wanderungen im Fjell«, befolgt hatten: Umkehren ist keine Schande. Staibs Buch über die Expedition wurde in Norwegen nie veröffentlicht, im Ausland hingegen, vor allem in Deutschland, weckte es großes Interesse.

Damit war der Startschuss für eine Reihe weiterer Polarfahrten gefallen. Børge Ousland und Erling Kagge erreichten den Nordpol 1990 (Letzterer ist übrigens der norwegische Verleger des Buches, das Sie gerade lesen, womit er einmal mehr seinen Sinn für waghalsige Unternehmungen bewiesen hat). Zusammen mit Geir Randby starteten sie in Ellesmere Island im Kanadisch-Arktischen Archipel, ohne Hunde, und unterwegs erhielten sie keine neuen Vorräte. Randby musste die Tour wegen einer Rückenverletzung abbrechen. Kagge und Ousland hingegen erreichten ihr Ziel am 4. Mai und wurden von einem Flugzeug abgeholt. Sie hatten achtundfünfzig Tage bis zum Nordpol gebraucht.

1994 startete Ousland ohne Begleitung vom nördlichsten russischen Festlandpunkt, Kap Arktitschesky, Richtung Nordpol. Er wiederholte das Bravourstück 2006, diesmal begleitet von Mike Horn und mit Start am 20. Januar. Damit waren sie die Ersten, die sich im tiefsten Winter und unter härtesten Wetterbedingungen auf den Weg machten. Ihr vermutlich lang ersehntes Wiedersehen mit der Sonne, der Mitternachtssonne wohlgemerkt, fand am 23. März 2006 statt, als sie wenige Stunden nach der Tagundnachtgleiche am Nordpol anlangten.

Erling Kagge erschloss sich unterdessen die südliche Erdhalbkugel. Im Herbst 1992 begab er sich auf eine lange Skitour Richtung Südpol und kam dort am 7. Januar 1993 an. Nachdem er im darauffolgenden Mai auch noch den Mount Everest bestieg, ging er ins *Guiness-Buch der Rekorde* ein. Er war der Erste, der »die drei Extrempunkte der Welt« – den nördlichsten, den südlichsten und den höchsten Punkt – besucht hatte.

Wer lieber auf dem Sofa rumlümmelt, fragt sich vermutlich, was das Ganze soll? Die simpelste, aber wohl kaum erschöpfende Antwort: Expeditionen dieser Art fallen in dieselbe Kategorie wie Hochleistungssport. Ihren Sinn verstehen nur jene, die sich das Projekt ausdenken und es in die Tat umsetzen, und zwar mit unerschütterlichem körperlichem Durchhaltevermögen und mentaler Stärke. Was es bedeutet, sich hohe Ziele zu setzen und sie zu erreichen, können sich aber vermutlich selbst die weniger Unternehmungslustigen unter uns vorstellen.

Um die letzte Jahrhundertwende waren Polarfahrten und vergleichbare Expeditionen sowohl für Großbritannien als auch für Norwegen eine wichtige nationenbildende und letztlich imperialistische Maßnahme – wohlgemerkt bevor Imperialismus zum Kraftausdruck wurde. Der Erste, der begriff, dass nicht nur wissenschaftliche, sondern auch politische Ziele verfolgt wurden und dass es um weit mehr ging als um das Ausmalen weißer Flecke auf der Landkarte, war Christian Michelsen, Bürgermeister von Bergen und späterer Ministerpräsident. Schon im September 1896 prophezeite er in seiner Begrüßungsrede für die dreizehnköpfige Besatzung des Polarschiffs *Fram* an der Bryggen die Unionsauflösung zwischen Norwegen und Dänemark, natürlich ohne den genauen Zeitpunkt vorhersagen zu können, die 1905 tatsächlich stattfand. Aber so stark Michelsen am Rednerpult gewesen sein mochte, er hatte noch eine Trumpfkarte auf der Hand: Nach ihm trat ein weiterer bergensischer Nicht-Skiläufer auf – Edvard Grieg.

Eine Art Vorpremiere des »Sprungs nach Wirkola« (siehe vorheriges Kapitel).

UTFERDSTRANG ['ʉ:tfɛɖ'straŋ:]
FERNWEH

Das norwegische Fernweh spiegelt sich auch in unserer Poesie wider. So singt Arne, der titelgebende Held einer Novelle des Nobelpreisträgers Bjørnstjerne Bjørnson: »O nur hinaus!«, weil er sich daheim so beengt fühlt. »Hier verzehrt mich ein drückendes Loch«, findet er sogar. Und in Bjørnsons Schauspiel *Sigurd Jorsalfar*, »Sigurd, der Kreuzfahrer«, heißt es: »Das Nordlandvolk, es will hinausfahren« – und damit ist mehr gemeint, als abschüssigen Bergtälern den Rücken zu kehren; wir wollen in die weite Welt hinaus und anderen unsere Stärke beweisen.

Ob die Welt daran Interesse hat, dass wir hinaus- und immer weiterfahren, spielt erst einmal keine Rolle. Früher oder später wird sie es schon verstehen. Es ist ja zu ihrem Besten. Das wussten wir schon, lange bevor wir uns auf den Weg machten.

Häufig wird das norwegische Fernweh mit der Auswanderungswelle nach Amerika im neunzehnten Jahrhundert assoziiert. Das einzige Land, das im Verhältnis zur Einwohnerzahl einen noch größeren Bevölkerungsanteil nach Amerika exportierte, war Irland zur Zeit der großen Hungersnot. Viele Norweger trieben Neugier und Rastlosigkeit in die weite Welt, doch die meisten verließen die von Armut gebeutelte Heimat, weil sie auf eine bessere Zukunft im Land voller Möglichkeiten hofften. Dieser Traum beruhte in erster Linie auf den Berichten derer, die von Orten mit üppigen Äckern, Straßen voller Gold oder zumindest gut bezahlter Arbeit erzählten.

Das Fernweh führte die Norweger aber nicht nur in die USA, sondern auch nach Südamerika, vor allem nach Argentinien. Nach der Unionsauflösung 1905 wurden in Kristiania, dem heutigen Oslo, zwei lateinamerikanische Botschaften gegründet; Mexiko und Kuba zeigten in Norwegen Flagge.

Im Schatten der zahlreichen Amerika-Auswanderer finden wir jene, die auf die wirtschaftliche Entwicklung im damaligen Zarenreich Russland setzten. Viele tüchtige Norweger zog es auf die Kola-Halbinsel, nach Archangelsk, Karelien oder nach Sankt Petersburg.

Rund ein Jahrhundert später, in den 1970ern, gab es einen norwegischen Politiker, der sich im stillen Kämmerlein seine ganz eigene Meinung über die eher lästigen Seiten des norwegischen Fernwehs gebildet hatte. Knut Frydenlund, Außenminister von 1973 bis 1982, behielt diese Gedanken in der Regel für sich, aber wenn er sie in inoffiziellen Zusammenhängen doch einmal kundtat, mahnte er die anwesenden Schreiberlinge, keine privat geäußerten Meinungen zu zitieren. Als Begründung gab er höchstens an, auch eine Person des öffentlichen Lebens dürfe ab und zu den Mund aufmachen, ohne dass gleich alles aufgezeichnet wird. Ich selbst hatte immer den Eindruck, Frydenlunds Wunsch nach Diskretion ging mit einem starken Zweifel an der kollektiven Selbstironie des »Nordlandvolks« einher. Denn die war derart unterentwickelt, dass sich Konflikte oder zumindest Schlagzeilen, die nicht nur dem Außenminister sondern auch dem ganzen Land geschadet hätten, nicht vermeiden ließen.

Frydenlund bezog sich zum einen auf die in seinen Augen elementarste außenpolitische Grundregel, die »Tante Sofie-Doktrin«. In Thorbjørn Egners Kinderbuch *Die Räuber von Kardemomme* weist die patente Tante Sofie dank einer großen Portion Tatkraft sowohl Räuber als auch Löwen in die Schranken. Ihr Motto: »Wenn jeder sich zum Vorbild nähm ein braves Weib wie mich, wär alles gut und angenehm.« Und damit wir Norweger als Vorbild gelten, müssen wir erst einmal in die weite Welt hinaus und jeden von uns überzeugen.

Des Weiteren hatte Frydenlund einen wiederkehrenden Albtraum. Oft wachte er mitten in der Nacht schweißgebadet und nervös, ja geradezu panisch auf, weil er geträumt hatte, es gäbe zweihundertfünfzig Millionen Norweger auf der Welt – was den jeweiligen Einwohnerzahlen der damaligen Supermächte Sowjetunion und USA entsprach. Und selbst nachdem sich die Panik wieder gelegt hatte, erschien ihm diese Vorstellung kaum erstrebenswert, nicht für Norwegen, und erst recht nicht für den Rest der Welt.

Symptomatisch für das norwegische Fernweh ist auch der Stellenwert, den die Polarfahrer in unserer Geschichte einnehmen. Die ebenso verwunderlichen wie unvorhersehbaren Folgen des Fernwehs hingegen führen wir uns am besten vor Augen, indem wir die Entwicklung der Städte Bergen und Stavanger in den letzten fünfzig Jahren betrachten.

Im Vergleich zu Stavanger war Bergen seit der Hansezeit eine Weltstadt. Wirtschaftliche Verbindungen mit umtriebigen Handelsnationen wie Großbritannien, den Niederlanden oder Deutschland waren selbstverständlich. Der Vågen-Hafen öffnete sich für die Welt, und die Welt kam nur allzu gerne. Manche ließen sich in Bergen sogar nieder, wovon heute deutsche, niederländische und britische Namen in der Stadt zeugen. Jeder Bergenser weiß, dass bei Grieg zwei Buchstaben vertauscht wurden und der Name ursprünglich Greig lautete – so hieß der Stammvater der schottischen Einwanderer.

Stavanger hingegen betrachteten die Bergenser als eine von der Außenwelt abgeschottete Stadt, in der zu viel Energie auf Innere Mission verwandt wurde und es vor Gebetshäusern und Abstinenzlern nur so wimmelte. Frischer Wind kam höchstens in Gestalt eines verirrten Schweinebauern aus Jæren, der vergaß oder nicht merkte, dass er besser nach Hause zurückkehren sollte.

Dabei übersahen die Bergenser, dass aus Stavanger Missionare in die ganze Welt entsandt wurden. Die Verbindungen der Stadt reichten also sehr wohl weiter als nach Bryne ein Stück weiter südlich oder Ryfylke etwas weiter nördlich. Wobei, vielleicht wusste man in Bergen doch davon, aber was brachte schon der Export von Bibeln? Zu Beginn des Öl-Zeitalters in den Siebzigern wurden ebenjene Verbindungen aber äußerst hilfreich, und sowohl Weltpolitik als auch Weltwirtschaft konnten sich mit einem Mal besser um den See Breiavatnet in Stavanger ansiedeln als um die Gewässer Lille und Store Lungegårdsvannet in Bergen. Ja, auch in Stavanger waren die Leute der Welt zugewandt, nur anders – und auch sie hatten die Welt jenseits der Schären gesehen.

Es galt nun einfach, die letzte Ölung gegen das erste Nordseeöl einzutauschen.

KOLLEN-BRØLET ['kɔlːən'brøːlə]

DAS KOLLEN-BRÜLLEN

Es war einmal, da kamen am ersten Sonntag im März Hunderttausende Zuschauer zum traditionellen Skispringen am Holmenkollen, einem Berg nordwestlich von Oslo. Das war noch vor der Zeit der Lärmmessungen, zumindest innerhalb der Sportwelt. Daher ist nicht dokumentiert, wie laut es wurde, wenn die Zuschauer gemeinsam in ungehemmter Begeisterung die Stimme erhoben. Die einen brüllten los, um diesen oder jenen norwegischen Skispringer anzufeuern, die anderen feierten den einzigen dänischen Teilnehmer, der voller Stolz dieselbe Außenseiterrolle übernahm wie eine Generation später der tapferen Brite Eddie the Eagle, als der sich in gar himmlische Sprunghöhen erhob.

Diesen Lärm nannte man *kollen-brølet*, »Kollen-Brüllen«. Das Publikum jubelte ebenfalls los, wenn der *bikkja i bakken*, der »Hund auf der Piste«, auftauchte. Dabei handelt es sich um eine Showeinlage mit witziger Vorgeschichte: Als einmal ein Hund ausbüxte und geradewegs auf die Piste lief, amüsierten sich die Zuschauer so gut, dass das Spektakel jedes Jahr wiederholt wurde. Inzwischen ist die Einlage wieder gestrichen worden, was den zunehmend schärferen Sicherheitsbestimmungen eines zunehmend düsteren Zeitalters geschuldet ist.

Und auch die Publikumsmassen sind nur noch eine ferne Erinnerung.

Von Nicht-Norwegern kann man kaum erwarten, Verständnis für all das aufzubringen, es sei denn, sie sind in einem bayerischen Skigebiet oder in den österreichischen Alpen aufgewachsen. Allerdings leben an solchen Orten kaum Menschen, und wenn doch, arbeiten sie in der Regel in der Tourismusbranche und können sich keine Tribünentickets leisten. Außerdem gibt es keine Hauptstädte in der Nähe – während man vom Holmenkollen locker nach Oslo spazieren kann. Die einzigen Besucher sind feiste Luxustouristen, die nur ein Ziel verfolgen: hinterher damit angeben zu können. Natürlich bringen Menschen dieser Couleur kein Brüllen zustande, das die richtige, sorgsam dosierte Mischung aus den zwei wichtigsten Zutaten aufweist: Begeisterung und Sachkenntnis.

Früher konnte man beim Holmenkollen-Festival immer ein paar Dutzend, vielleicht sogar ein paar Hundert betagte Männer beobachten, die auf norwegisch-bescheidene Weise vor ihren Enkelkindern damit prahlten, sie seien selbst mal gesprungen. Gut, vielleicht sei die Sprungschanze damals etwas kleiner gewesen als am Holmenkollen, aber sie hatten definitiv Luft unter den Skiern gehabt. Und das war nicht einmal gelogen, was eine gute Geschichte nie sein sollte, es sei denn, man will mit ihr einen Literaturpreis gewinnen. Im Idealfall wurde der Wahrheitsgehalt von einer Oma mit rosigen Runzelwangen bezeugt, die warm und geheimnisvoll lächelte, wenn sie daran zurückdachte, wie ihr einst ein fescher Bursche mit einem ordentlichen Sprung von der Schanze den Kopf verdreht, danach die Spendierhosen angezogen und sie ins Kino ausgeführt hatte.

Solche Situationen hauchten dem Kollen-Brüllen Leben ein. Heutzutage böten sie dagegen eher Anlass, sich die sachliche Definition des Begriffs *Nostalgie* in Erinnerung zu rufen: Die Neigung zur krankhaften Besessenheit von vergangenen Zeiten.

Als Oslos bekanntestes Stadion bei Eislaufmeisterschaften noch bis auf den letzten Platz besetzt war, sprach man auch vom »Bislett-Brüllen«. Aber auch dort blieben die Zuschauermassen aus, nachdem die Zehntel- durch die Hundertstelsekunden ersetzt wurden, und es plötzlich zehn Mal so schwer war, sich die Zeiten zu merken. *Vielleicht* besteht hier ein Zusammenhang, aber ob Wissenschaftler den jemals aufdecken? Als am Holmenkollen das Dezibel-Niveau allmählich sank, war das Bislett-Brüllen ohnehin längst verklungen.

LUTEFISK ['lʉ:tə'fɪs:k]

In der Lebensmittelwelt zählt der Lutefisk zu den bedeutendsten oder zumindest auffälligsten Minderheitenphänomenen: Neunundneunzig Komma acht fünf Prozent der Weltbevölkerung essen ihn nämlich nicht. Auch die verbleibenden eins Komma eins fünf Prozent, bestehend aus Schweden und Norwegern, nehmen zum Teil Abstand vom Lutefisk, aber die Chance ist groß, dass sie zumindest von seiner Existenz wissen.

Die gräuliche, glibberige und garantiert vitaminfreie Masse kann mit ihrer Optik gewiss niemanden überzeugen. Auf der anderen Seite ist sie die wahr gewordene Verkörperung der Lebensumstände an der norwegischen Küste. Wegen der oft schroffen Witterungsbedingungen musste sich Nahrung lange konservieren lassen. Andernfalls hätte man womöglich schon am nächsten Tag kein Essen auf dem Tisch gehabt, denn man konnte sich nie sicher sein, wann das Wetter es erlauben würde, das Haus zu verlassen. Also gingen die Norweger mit Tatkraft und Erfindungsreichtum in die Defensive: Lebensmittel durften nicht verderben und blieben im Idealfall bis nach Winterende essbar. Raffinesse und Abwechslungsreichtum in Sachen Essenszubereitung – von Tischdekoration und Etikette ganz zu schweigen – waren nicht nur überflüssig, Energie an solchen Schnickschnack zu verschwenden konnte geradezu lebensgefährlich werden.

Heutzutage fällt der vorweihnachtliche Lutefiskschmaus häufig so bunt und lebhaft aus, dass die geleeartige, fade und graue Angelegenheit vergangener Jahrhunderte so gut wie vergessen ist. Rings um die Festtafel branden die Diskussionen auf, es geht um existentielle Themen wie kross gebratenen Speck, *ertestuing* (Erbsenmus), klassischer Senf contra Senfpulver, Sirup oder kein Sirup, und auch flammende Argumente für und gegen flüssigen Braunkäse bekommt man zu hören. Nur in Sachen Aquavit herrscht in der Regel Einigkeit – wer keinen Alkohol trinkt, verzichtet meist auch auf Lutefisk.

Von Schweden einmal abgesehen, ist es völlig zwecklos, über die Landesgrenzen hinweg Missionsarbeit für den Lutefisk zu leisten. Das weiß jeder Norweger aus eigener Erfahrung, der schon einmal versucht hat, einem Dänen die Vorzüge des Gerichts begreiflich zu machen. Ausnahmen sind die mehr oder minder norwegischen Landstriche im mittleren Westen der USA.

In einer Kleinstadt im Staat Wisconsin leben derart viele Norweger und Schweden in der dritten Generation, das dort jedes Jahr vor Weihnachten ein Lutefisk-Wettessen veranstaltet wird. Wobei, vielleicht sollte es eher Lutefisk-Wettfressen heißen. Die Regeln sind schnell erklärt: Wer am meisten Lutefisk verspeist, wird Jahressieger und erhält eine kleine Trophäe, die er sich auf den Kaminsims stellen kann. Der Gewinner ist der »Lutefisk Eater of the Year« – der Lutefisk-Vielfraß des Jahres.

In den 1980ern wurde einer der Jahressieger fürs nationale Fernsehen interviewt. Lokalthemen müssen schon sehr spektakulär sein, damit sie in den landesweiten Nachrichten der USA Erwähnung finden, aber unbegreifliche Kuriositäten haben durchaus Chancen, vor allem wenn sie so lausig schmecken. Der Jahressieger war ein wortkarger, redlicher und schwergewichtiger Industriearbeiter. Er aß – beziehungsweise fraß – eine Menge von drei Kilo und landete damit weit vor dem Zweitplatzierten.

Der Nachrichtensprecher musste den Zuschauern, die eher Steak, Hirschfleisch und bestenfalls Hühnchen gewohnt waren, erst einmal erklären, was sich hinter der Bezeichnung Lutefisk verbarg: ein Trockenfisch, meist Dorsch, der in einer Lauge gewässert wird und infolge der Rehydrierung eine geleeartige Konsistenz annimmt. Anschließend wird er gespült und zubereitet, oft zu Weihnachten. Der Nachrichtensprecher informierte die Zuschauer mit tapferer, aber erkennbar angewiderter Miene und hatte offensichtlich keinerlei Ambitionen, selbst beim nächsten Wettessen anzutreten.

Schließlich fragte er den Gewinner: »Aber Sie haben doch sicher Kartoffeln dazu gegessen?« Die Antwort: »Nein.« Kartoffeln hätten im Magen nur kostbaren Platz geraubt und damit die Möglichkeit auf den Spitzenplatz zunichtegemacht. »Bier?« »Nein, nein. Nur Wasser, um den Fisch besser runterschlucken zu können. Aber so wenig wie möglich – ebenfalls aus Platzgründen.«

Tags darauf rief ich den Sieger an und führte ein weiteres, auf ein norwegisches Publikum zugeschnittenes Interview. Er beantwortete meine Fragen mit Stolz und der gleichen bescheidenen Besonnenheit, die ich als Kind bei norwegischen Holzfällern beobachtet hatte, wenn sie den traditionellen Langlauf am Holmenkollen gewonnen hatten und Oslo wieder verließen, um zu ihren Hütten und Kaffeekesseln in die Wälder zurückzukehren. Dabei stammte der Mann nicht einmal aus Norwegen. Allerdings, erklärte er, wohnten in seiner Heimatstadt so viele Norweger, dass er die Lutefisk-Kultur quasi mit der Muttermilch aufgesogen habe. Gut, wie die meisten habe er das norwegische Spezialgericht als Kind nicht besonders gemocht. Aber jetzt nehme er seit ein paar Jahren an dem Wettessen teil – und zwar mit Erfolg. Und ja, er würde wohl auch nächstes Jahr mitmachen, immerhin habe er gerade einen Lauf.

NAVE ['naːʋə]

NAVEN

Als das Verb *å nave*, »naven«, 2012 vom Norwegischen Sprachrat zum Wort des Jahres gekürt wurde, brauchten die meisten Einwohner des Königreichs eine Erklärung. Die erste Verwendung des Wortes lässt sich auf März 2012 datieren. Es leitet sich ab vom NAV, dem im Jahre 2006 neu organisierten norwegischen Arbeits- und Sozialamt, in dem zwei bis dahin separat verwaltete Ämter zusammengeschlossen wurden. Die Vorteile dieser Reorganisation pries man damit an, dass Norwegen eine »einheitliche, effiziente Arbeits- und Sozialverwaltung bekommen« sollte. Das N in NAV steht für »neu«, ein Adjektiv, das in öffentlichen Zusammenhängen eher riskant ist. Das beste Beispiel: Die älteste Brücke über der Seine in Paris heißt Pont Neuf, »Neue Brücke«. Ein vielleicht nicht ganz so passender Name, wenn man bedenkt, dass der Bau bereits 1607 abgeschlossen wurde.

Das Verb *naven* machte erstmals unter Jugendlichen die Runde, als tendenziell herablassend gemeinter Begriff im Sinne vom deutschen »hartzen«. Wer navt, ist im Grunde in der Lage, eine Arbeit oder ein Studium aufzunehmen, bezieht aber lieber Stütze vom Arbeits- und Sozialamt NAV, ohne einen Finger krummzumachen. Außerdem schwingt mit, dass der Navende sich der Täuschung, wenn nicht gar des Betrugs schuldig macht, was die NAV-Vertreter natürlich unterbinden müssen. Einigen Jugendlichen wurde auch unterstellt, sie würden naven, um nach dem Schulabschluss auf Staatskosten ein Sabbatjahr einzulegen und in aller Ruhe Erfahrungen und Energie für ein eventuell folgendes Studium oder eine Ausbildung zu sammeln. Inzwischen scheint sich das Wort in eine neutralere Richtung bewegt zu haben: Wer sagt, er nave, erklärt damit, dass er momentan keine Arbeit hat. Was natürlich nicht nur bei jungen Leuten vorkommt.

NAV ist nicht nur ein Akronym (auch wenn das N an einem hauchdünnen Faden baumelt), sondern auch ein Drei-Buchstaben-Wort mit eher technischer Bedeutung: Im Norwegischen bezeichnet *nav* eine Nabe, also das Zentrum eines Rads, das sich um die Achse dreht und damit für Antrieb und letztlich Fortbewegung sorgt. Damit ist wohl der Beweis erbracht, wie wichtig *nav* für den Menschen und die Gesellschaft ist.

Als das norwegische Arbeits- und Sozialamt im Sommer 2016 zehn Jahre alt wurde, gestanden die Minister, die die ersten NAV-Chefs gewesen waren, dass es mit der Einheit und Effizienz womöglich nicht allzu weit her sei. Aber da sie nun nicht mehr im Amt waren, konnten sie trotzdem voller Zuversicht in die eigene und die Zukunft der (immer noch) *Neuen* Verwaltung blicken.

NIKKERS ['nɪk:əʃ]
KNICKERBOCKER

Nikkers oder *knickers* (die ursprüngliche norwegische Schreibweise lässt erahnen, von welchem Kleidungsstück hier die Rede ist) waren in Norwegen längst aus der Mode gekommen und verströmten den vornehmen Duft von Mottenkugeln. Wer das nicht merkte oder nicht wahrhaben wollte, musste sich nur die verhöhnende Bezeichnung *nikkersadel*, »Knickerbocker-Adel«, vor Augen führen. Der *nikkersadel* bestand aus Menschen, die mehr (altes) Geld als Verstand besaßen, was ihnen über viele Generationen hinweg eine Position in den oberen Gesellschaftsschichten sicherte. Sie gehörten zur Crème de la Crème, besaßen schick möblierte Häuser mit Flügel, und dachten nicht im Traum daran, sich im Skidress oder in Rennhosen auf der Piste zu zeigen, ganz zu schweigen von etwas so Vulgärem wie einem »Kondomanzug«, als der seine Blütezeit hatte. Nein, beim Skifahren trug man Knickerbocker. Natürlich konnte man auch schon vor Wintereinbruch hineinschlüpfen, zum Beispiel bei Wandertouren, und sogar für Frauen war es ein praktisches Kleidungsstück, in der weiblichen Variante vorzugsweise mit sittsam an der Hüfte platzierten Knöpfen oder Reißverschluss.

Trotzdem deutete um die letzte Jahrhundertwende

einiges darauf hin, dass die *nikkers* die Statistik gegen sich hatten und schon bald das Zeitliche segnen würden. En vogue waren sie jedenfalls nicht mehr. Der Knickerbocker-Adel näherte sich unaufhaltsam der Knickerbocker-Rente, dem letzten melancholischen Zwischenstopp auf der Einbahnstraße Richtung Friedhof.

Aber dann geschah kurz nach Weihnachten 2015 etwas Unerwartetes: Der Sportartikelhersteller *Amundsen Sport* (lang lebe Roald und seine Expedition zum Südpol!) lancierte ein stilgetreues Retromodell und kam mit den Lieferungen kaum hinterher. Allein in dem Jahr wurden *nikkers* für umgerechnet drei Millionen Euro verkauft.

Die Wörterbuch-Definition lautet: »Wadenlange Hose mit enganliegendem Bund, die vor allem beim Sport verwendet wird.« Die alte Schreibweise gibt Aufschluss darüber, dass der Name Knickerbocker fernab von Hügeln und Bergen entstand. Das Wort geht zurück auf die Satire *A History of New York*, die Washington Irving 1809 unter dem Pseudonym *Diedrich Knickerbocker* veröffentlichte. Die Hauptfigur hieß *Jansen Knickerbocker*, und Irving beschrieb in seinem Werk die ersten niederländischen Siedler in Nieuw Amsterdam, dem heutigen New York, die wadenlange Schlumperhosen trugen.

Bei Norwegern, die nicht zu den Reichen und Weltgewandten gehörten, galten *nikkers* als Festtagskleidung.

Bis heute sind sie ein fester Bestandteil der meisten norwegischen Männertrachten, häufig ausstaffiert mit Schleifen, Bändern und Schnitzmessern. In dem monumentalen Barockgarten von Schloss Fredensborg in Dänemark lässt sich eine *Nordmansdalen* betitelte Skulpturensammlung besichtigen, die auch einige Skulpturen der norwegischen Landbevölkerung zeigt. Hier kann man *nickers* in voller Pracht bewundern. So beweist zum Beispiel der *Fischer mit Hummer und Hummerreuse*, dass sich die Hose ebenso gut für Alltag und Arbeit eignete wie für Kirchgang, Feiertage und Feste.

Als Arbeitsbekleidung waren *nikkers* praktisch und weit verbreitet. Um Bügelfalten brauchte man sich keine Gedanken zu machen, denn erstens wären sie unzweckmäßig gewesen und zweitens war der Stoff ohnehin zu widerspenstig. Obendrein eigneten sich *nikkers* auch als Transportbehälter, wie uns der moderne Ausdruck *eplenikkers*, Apfel-Knickerbocker, verrät. *Eplenikkers* ist ein leicht scherzhaftes Wort für eine Hose, die viel zu weit ist. Dieses Manko macht sie durch gewisse Vorteile bei der Apfelernte wett – vor allem, wenn die Apfelbäume in anderer Leuts Garten stehen. Denn: Je weiter die Bux, desto mehr Platz für Äpfel. Außerdem boten *eplenikkers* die Möglichkeit, hineinzuwachsen, zumindest solange es Sinn machte, den Hosenboden ein weiteres Mal zu flicken.

Diese Einstellung entspricht einem Grundcredo der

norwegischen Mentalität: Praktische Dinge kommen nie aus der Mode, nicht mal in Zeiten des Wohlstands.

OLJERIKDOM ['ɔl:jə'ri:kdɔm]

ÖLREICHTUM

Als der Begriff erstmals ins Gespräch kam, klang er so unnorwegisch und exotisch wie »Scheich« oder »Ölbaron«. Öl, das war etwas, was im Nahen Osten, in Texas oder Oklahoma aus der Erde kam, genau wie die dazugehörigen Ölmillionen. Punkt.

Im August 1966 jedoch veranlasste der Mineralölkonzern Esso eine Suchbohrung in der Nordsee; Geologen meinten, dort sei Öl zu finden. Drei Jahre, etliche Millionen und zig erfolglose Bohrungen später stand das Projekt, an dem inzwischen auch die *Phillips Petroleum Company* mit damaligem Hauptsitz in Oklahoma beteiligt war, gelinde gesagt auf der Kippe. Aber dann, am 23. Dezember 1969, stieß man auf ein Erdölfeld, das die Geschichte Norwegens unwiderruflich verändern sollte.

Die meisten nüchtern veranlagten Norweger hielten die Entdeckung für zu schön, um wahr zu sein. Es geht das Gerücht, ein Bereichsleiter im Wirtschaftsministerium habe die Skepsis wie folgt formuliert: »Das Öl, das wir aus der Nordsee holen, trinke ich höchstpersönlich aus.« Die Geschichte, die sich daraus entspann, könnte es problemlos mit Grimms Märchen aufnehmen. Als die Zeit der Fülle und des Ölflusses gekommen war, so heißt es, bekam besagter Mann von seinen Arbeitskollegen eine kleine Hustensaftflasche voll Nordseeöl. Er nahm die Geste sportlich und stellte die Flasche in sein Büro, wo sie fortan nicht nur an die sprudelnden Ölfontänen erinnerte, sondern auch an eine sprachliche Pioniertat, immerhin hatte der Gute die Redewendung »den Mund zu voll nehmen« in ungeahnte Dimensionen geführt.

Auf ein paar Promille Wahrheit bringt es die Geschichte tatsächlich, aber mehr auch nicht. Damalige Mitarbeiter des Wirtschaftsministeriums können berichten, dass die berühmten Worte vom amerikanischen Geschäftsführer der Firma *Mobil Oil* ausgesprochen wurden, als er 1965 erklärte, kein Geld in weitere Nordseebohrungen investieren zu wollen. »Wir im Wirtschaftsministerium waren uns dagegen ziemlich sicher, dass es in der Nordsee Öl gibt«, lautet die historisch korrekte Version.

Auch in der norwegischen Wirtschaft kam es zu umfassenden Veränderungen. Als Ministerpräsident Einar Gerhardsen im Herbst 1965 sein Amt niederlegte, belief sich sein Jahresgehalt auf etwa 10.000 Euro, rund 450 Euro mehr, als eine dänische Kindergartenleiterin verdiente. Im Sommer 1972 betrug Lars Korvalds Ministerpräsidentengehalt bereits 16.000 Euro, was dem Verdienst eines kommunal angestellten dänischen Psychologen entsprach. Inzwischen hatten die Norweger begonnen, die Öleinnahmen zu investieren, und nach der Ölpreiskrise im Herbst 1973 kam es zu einem wahren Boom, der sich auch in der Statistik niederschlug: Während das schwedische Bruttoinlandsprodukt pro Kopf im Jahr 1966 anderthalbmal so groß war wie das norwegische, verhielt es sich nun genau andersherum – wobei das schwedische BIP in der Zwischenzeit ebenfalls hübsch angewachsen war.

2013 kam ein weiteres ebenso unnorwegisches wie unvorstellbares Wort auf: Ölpreissturz. Wenn eines in den letzten vierzig Jahren sicher gewesen war, dann, dass die Ölpreise stetig steigen würden. Da Norwegen, als einzige vernünftige Nation auf der Welt, Rückgrat und Verstand bewiesen und sein Geld im Staatlichen Pensionsfonds (auch Ölfonds genannt) deponiert hatte, schien es unvorstellbar, das Vermögen würde einmal nicht mehr weiter wachsen. Tatsächlich hatten die Ölpreise aber schon Mitte der achtziger Jahre eine Stippvisite im Keller gemacht, und die Folgen waren mehr als reine Zahlenakrobatik gewesen: Der Preissturz hatte zu einer Regierungskrise geführt, die wiederum eine Finanzkrise nach sich zog. Aber jetzt, dreißig Jahre später, gab es eine Generation der Optimisten. Wer sich an den Ölpreissturz erinnern konnte, war bereits in Pension oder gar nicht mehr am Leben. Und mit gut achthundert Milliarden Euro im Staatlichen Pensionsfonds Ausland, kurz SPU, hatte jeder norwegischer Bürger umgerechnet etwa einhundertsiebzigtausend Euro »auf dem Konto« – zusätzlich zu den eigenen Ersparnissen.

Dass der Ölpreis ausgerechnet zum zweihundertjährigen Jubiläum des norwegischen Grundgesetzes von hundert Dollar pro Barrel abstürzte und damit der Nation die Feierlaune vermieste, war natürlich gemein. Aber wenn man bedenkt, wie abhängig die norwegische Wirtschaft seit jeher von Fischöl gewesen war, hätte uns klar sein sollen, was alle Ölnationen seit Hunderten von Jahren wissen: Mit dem Öl geht es auf und ab. Die Stadt Haugesund im Haugaland, ein wichtiges Handlungszentrum für Fischerei, kann uns als Beispiel dienen, denn die dortige wirtschaftliche Entwicklung ist ebenfalls eine einzige Berg-und-Tal-Fahrt gewesen. Jedes Mal, wenn Hering-Flaute herrschte, galt es auf den nächsten großen Fang und neuerlichen Wohlstand zu warten. Früher oder später würde es dazu kommen, die Frage war nur, wann. Und bis dahin musste man sich eben irgendwie durchschlagen.

Um Weihnachten 2015 lag der Ölpreis bei etwa fünfundzwanzig Dollar pro Barrel. In der tiefen Winterdunkelheit erinnerte sich niemand mehr an die leuchtenden Augen im Finanzministerium Mitte der siebziger Jahre, als es hieß, die Preise würden binnen kürzester Zeit von fünf auf zehn Dollar steigen. (Mal abgesehen davon, dass es kaum weitergeholfen hätte, sich daran zu erinnern.) 2016 stiegen die Preise dann allmählich wieder auf fünfundvierzig bis fünfzig Dollar an. Das Licht kehrte nach Norwegen zurück, während es an vielen anderen Orten auf der Welt deutlich düsterer aussah. Zu Recht, schließlich waren diese Nationen nicht so vernünftig gewesen wie die Norweger und hatten die von Außenminister Knut Frydenlund bereits angeführte Tante-Sofie-Doktrin (siehe Seite 133) missachtet: »Wenn jeder sich zum Vorbild nähm ein braves Land wie uns, wär alles gut und angenehm.«

PAPPAPERM ['pap:a'pɛrm]

VATERSCHAFTSURLAUB

Ein Mann, der einen Kinderwagen vor sich herschiebt oder gar zugibt, sich hin und wieder einer so weiblichen Tätigkeit wie dem Windelwechseln zu widmen, riskiert, dass »echte Kerle« ihn für unmännlich und/oder verweichlicht halten. US-Präsident und Fünffachvater Donald Trump setzte im Wahlkampf 2016 alles daran, seinen Ruf zu wahren. Er brüstete sich damit, noch nie eine Windel gewechselt zu haben, was niemand infrage stellte, am wenigsten sein Umfeld. Ein skandinavischer Politiker hätte mit so einer Aussage kaum Beifall und erst recht keine Stimmen geerntet.

In den nordischen Ländern war es schon um die Jahrtausendwende selbstverständlich, dass ein nachweislich fortpflanzungsfähiger Mann seine Männlichkeit keineswegs aufs Spiel setzte, wenn er gelegentlich auf Tuchfühlung mit einem Kinderwagen oder dessen Inhalt ging. Gleiches galt für Windeln, auch wenn die obendrein ziemlich übel rochen. Und davon abgesehen: US-Präsident kann ohnehin nur werden, wer im Besitz einer in den USA ausgestellten Geburtsurkunde ist. Die meisten Männer sind allerdings gar nicht scharf darauf, ins Weiße Haus zu ziehen, obwohl ihnen damit ein zentral gelegener Wohnsitz zum Nulltarif sicher wäre. Ja, auch als Nicht-Präsident ist es durchaus möglich, ein angenehmes Leben zu führen, in dem man für halbwegs männlich gehalten wird.

In Norwegen wurde die sogenannte »Väterquote«, in der Alltagssprache seit jeher »Papa-Urlaub« genannt, 1993 gesetzlich festgeschrieben. Von nun an hatten Väter nach der Geburt Anrecht auf eine vierwöchige Freistellung bei vollem Gehalt. Diese Zeit wurde nach 2005 sukzessive erweitert und am 1. Juli 2013 unter Jens Stoltenberg kurz vor dem Wahlkampf auf vierzehn Wochen erweitert. Im Jahr darauf wurde der Papa-Urlaub unter Erna Solberg auf zehn Wochen reduziert. Im Wahlkampf 2013 forderten die rechtsgerichteten Parteien Høyre (»Rechte«) und Fremskrittspartiet (»Fortschrittspartei«) die Abschaffung der Väterquote. Sie argumentierten, den Eltern solle selbst überlassen sein, wie sie die Elternzeit untereinander aufteilen, die Väterquote sei ein Eingriff in das Selbstbestimmungsrecht der Familie. Die zwei Koalitionsparteien schlossen sich dieser Meinung jedoch nicht an, und die zehnwöchige Freistellung für Väter blieb bestehen. Allerdings war es durch eine »vertrauensbasierte Ausnahmeregelung« fortan möglich, die Elternzeit ganz oder zum Teil auf einen Elternteil zu übertragen, zum Beispiel bei Krankheitsfällen oder Auslandsaufenthalten.

Viele halten den Mutterschaftsurlaub, in dem der Frau weder gekündigt, noch ihre Stelle heruntergestuft werden darf, und vor allem den Papa-Urlaub für puren Luxus. Dem Alphabet sei Dank stehen Ölreichtum und Papa-Urlaub im norwegischen Wörterbuch nah beieinander. Um den wirtschaftlichen Zusammenhang zwischen einem dank Öleinnahmen üppigen Staatsbudget und arbeitnehmerfreundlichen Elternzeitregelungen zu verstehen, ist kein Studium der Wirtschaftswissenschaften notwendig. Genauso einleuchtend ist der politische Sinn, nur dass der ungleich kontroverser diskutiert wird. In dem mit der verbraucherfreundlichen Warnung »Die Objektivität dieses Artikels ist umstritten« überschriebenen Wikipedia-Artikel heißt es: »Mit der Väterquote wird eine zwischen Müttern und Vätern gleichberechtigte Verteilung der elterlichen Fürsorge angestrebt. Als politische Maßnahme soll die Väterquote die Beziehung zwischen Müttern und Vätern, Arbeitgebern und Arbeitnehmern beider Geschlechter sowie zwischen Kind und Vater positiv verändern.«

Was die Zeit unmittelbar nach der Geburt betrifft, hat der Vater das Recht auf zwei Wochen sogenannten »Fürsorgeurlaub«, der nicht von der Elternzeit abgezogen werden darf. Als der Papa-Urlaub 1993 ins Leben gerufen wurde, galt Norwegen als Vorbild. Inzwischen wurde vielerorts nachgezogen, und die nordischen Länder haben Konkurrenz bekommen. Laut OECD, der Organisation für wirtschaftliche Zusammenarbeit und Entwicklung, stand 2015 Irland mit vierzehn Wochen

Freistellung für Väter an der Tabellenspitze, dicht gefolgt von Slowenien und Island mit dreizehn Wochen. In Schweden werden Väter nur zehn Wochen, in Finnland sieben Wochen freigestellt. Das nordische Schlusslicht bildete Dänemark mit zwei Wochen.

Ob die Regelung tatsächlich zum Wohl des Kindes und der Familie beiträgt, wird unter Experten heiß diskutiert, und aus genau diesem Grund hat wohl jede Studie mit »umstrittener Objektivität« zu kämpfen. Die einen meinen, es sei suboptimal bis schädlich, wenn sich das Kind im ersten Lebensjahr an eine andere Person als die Mutter bindet, andere sind überzeugt, das Kind profitiere davon, wenn auch der Vater zu einer engen Bezugsperson wird.

Aber enorme Öleinnahmen hin oder her: Heute gilt der Papa-Urlaub nicht mehr als etwas exklusiv Norwegisches, schließlich haben immer mehr europäische Länder ihn gesetzlich festgesetzt. Aber Vorreiter zu sein – und zwar mit Fug und Recht – ist auch nicht zu verachten. Im Übrigen liegt die Geburtenrate in Ländern mit Papa-Urlaub und langer Elternzeit für die Mutter deutlich höher als in weniger großzügigen – oder weniger vorausschauenden – Ländern.

VELFERDSSTATEN [ˈʋɛlːfɛɖstɑːtən]

WOHLFAHRTSSTAAT

Wie etabliert der *Velferdsstaten*, der »Wohlfahrtsstaat«, als Begriff und Phänomen in Norwegen ist, belegt eine unumstößliche Tatsache: Keine norwegische Partei bringt es fertig, sich von dem Modell zu distanzieren, geschweige denn vorzuschlagen, der Wohlfahrtsstaat könnte oder sollte abgeschafft werden. Natürlich weist er einige Schwachstellen auf, aber die deuten eher darauf hin, dass er sein volles Potential noch nicht ausgeschöpft hat.

Rein theoretisch könnte man monieren, der Wohlfahrtstaat schlucke zu viel Geld. Um diese These zu belegen, muss man nur lange genug mit möglichst hohen Zahlen um sich werfen. Trotzdem läge ein langer, steiniger Weg vor einem, wenn man Kürzungen durchbringen wollte. So ein Vorhaben würde schließlich unweigerlich zu der Frage führen: Wo soll man kürzen? Der Teufel steckt bekanntlich im Detail, und in diesem Fall sind die Details ziemlich groß und tückisch.

Natürlich bietet der Wohlfahrtsstaat verschiedene Möglichkeiten, ihn zu plündern, und genau da liegen die Angriffspunkte. Besonders deutlich sehen wir das westlich des Atlantiks, dort werden Geschichten über Betrug und Schmarotzerei in leuchtenden Farben ausgemalt, vor allem wenn gerade Wahljahr ist. In Norwegen ist das Gesellschaftsmodell in einem Gleichheits- und Solidaritätsprinzip verwurzelt, das die Linke am liebsten für sich beanspruchen würde. Dass die ersten Sozialgesetze in Deutschland verabschiedet wurden, und zwar von dem nicht gerade linksorientierten Reichskanzler Otto von Bismarck, wird geflissentlich übersehen. Dabei gibt es genug Raum für beide Standpunkte, denn welche im neunzehnten Jahrhundert angestoßene Reform musste nicht irgendwann erweitert oder optimiert werden?

Politikerinnen und Politiker sind vor die Aufgabe gestellt, den Wählerinnen und Wählern zu erklären, dass Kinder-, Arbeitslosen-, Kranken- und Pensionsgelder irgendwie bezahlt werden müssen. Gleiches gilt für Schul-, Gesundheits- und Verkehrswesen, Kosten, die gegebenenfalls in Form von Steuern und Abgaben eingeholt werden. Für alle, die meinen, über die sinnvolle Verwendung des Geldes am besten Bescheid zu wissen, ist das eine deprimierende Vorstellung. Umso deprimierender wird es, wenn die Sozialabgaben fällig werden.

In Norwegen hat der Termin für die Zahlung der Abgaben immerhin einen nicht ganz so furchteinflößenden Namen bekommen wie in Dänemark. Dort wurden schon im Jahr 1656 der 11. Juni und der 11. Dezember als Zahltage festgesetzt, und seitdem heißen sie *fandens fødselsdag*, »Satans Geburtstag«.

RØMMEGRØT ['rœm:ə'grø:t]

RAHMGRÜTZE

Der technische Fortschritt hat einem der wichtigsten norwegischen Nationalgerichte einen ordentlichen Schlag in den Magen verpasst (wohin auch sonst?). *Rømmegrøt*, »Rahmgrütze«, für manche Schleckermäuler ein echtes kulinarisches Erlebnis, wird zubereitet, indem man Sauerrahm bei niedriger Temperatur und unter sorgsamem Rühren mindestens zwei Stunden lang vor sich hin köcheln lässt. Inzwischen gibt es das Gericht aber auch als massenproduzierte »Delikatesse« in einer Plastikverpackung der Marke *Fjordland* zu kaufen. Diese Variante ist in nur zwanzig Minuten zubereitet, mit Mikrowelle in zwei Minuten.

Das nennt sich Fortschritt. Außerdem nehmen die Hersteller der Fertigvariante Rücksicht auf diejenigen, die sich den Entbehrungen einer figurbewussten Ernährung stellen: Dem gekauften Brei fehlt die schimmernde Pfütze aus sonnengelbem Fett, die bei hausgemachter *rømmegrøt* in der Mitte schwimmt und die Grütze wie das formvollendete Milchspeisenpendant eines Spiegeleis aussehen lässt.

Früher galt *rømmegrøt* bei Bauern als Festtagsschmaus und wurde am Ende der Heuernte traditionell zusammen mit einem süßen roten Sirupgetränk aufgetischt. Wer geschuftet und dementsprechend stark geschwitzt hatte, glich den Natriummangel außerdem mit einer Scheibe salzigen Schinkens oder noch besser gepökelter Lammkeule zum Nachtisch aus.

Das Fettauge in der *rømmegrøt* entsteht, wenn der Brei so lange kocht, dass sich Butter absetzt. Wer das vermeiden will, damit das Fett einem nicht im Halse stecken bleibt oder für immer auf den Hüften oder am Allerwertesten klebt, kann auch auf eine »Diätvariante« (die Anführungszeichen kommen nicht von ungefähr!) zurückgreifen: Man nehme, wie Hanna Winsnes, Norwegens graue Kücheneminenz, gesagt hätte, anstelle von Sauerrahm Dickmilch, bei der sich wegen des geringeren Fettgehalts keine gelbe Fettpfütze absetzt. Die Gäste müssen sich also mit der Zunge keine klebrige Masse vom Gaumen kratzen, was von Vorteil ist, wenn man bei Tisch einen guten Eindruck machen möchte.

Eine so clevere, ästhetische und gesunde Erfindung ist doch in jedermanns Sinne, oder nicht? Einen Haken hat die Sache aber (und was für einen!): Ohne Sauerrahm und Fettauge keine echte *rømmegrøt*. Falls die Bauern damals Kalorien zählten, dann nicht aus Diätgründen, sondern höchstens um sicherzustellen, dass sie sich mit genug Kalorien für die kräftezehrende Arbeit am nächsten Tag wappneten.

Kurzum: Langsam, aber sicher gehört *rømmegrøt* vergangenen Zeiten an.

SOLVEGGEN [suːlʊɛgːən]

SONNENWAND

Wer meint, die norwegische Sprache sei wortärmer als die großen Weltsprachen, guckt schnell dumm aus der Wäsche, wenn man ihn bittet zu erklären, was »Pappschnee an der Sonnenwand im Osterfjell« ist.

Zum einen haben wir Norweger ein besonders umfangreiches Vokabular für alles, was mit Eis und Schnee zu tun hat. Die Ursache liegt auf der Hand: Aufgrund des Klimas haben wir mehr Bedarf und Verwendung für all diese Wörter, auch wenn der eine oder andere Norweger die absolut unnorwegische Meinung vertritt, dies sei nicht unbedingt positiv. Aber was hat es denn nun mit dieser *solveggen* auf sich? Gemeint ist ein hübsches Plätzchen in der prallen Sonne, vor der Fjellhütte zum Beispiel, wo man sich an die angenehm warme Wand, die »Sonnenwand«, lehnt und die Seele baumeln lässt. Und wer freut sich nach dem langen, dunklen norwegischen Winter nicht darauf? Selbst wenn es einer jener seltenen Winter war, in denen sich die Schneemengen in Grenzen hielten oder auf wenig besiedelte, höher gelegene Regionen beschränkten.

Im Frühling, wenn der Tag mindestens zwei Stunden länger ist als die Nacht, ist die Sonnenwand der ideale Platz, um in die Sonne zu blinzeln und ein paar erfrischende Apfelsinenstückchen zu verzehren. An den meisten dicht bevölkerten Orten der Welt wäre es in der prallen Sonne natürlich viel zu heiß, selbst für die, die das Klima gewohnt sind. In Norwegen hingegen herrschen fast das ganze Jahr über angenehme Temperaturen, selbst an der Sonnenwand, und deshalb musste ein feststehender Begriff her.

Mit dem norwegischen Frühling ist auch das Wort *utepils*, »Freiluft-Pils«, verknüpft. Während man sich in traditionsreichen Biernationen wie Tschechien, Deutschland, Dänemark oder den Niederlanden erst bei wärmeren Temperaturen in den Biergarten begibt, lechzen Norweger und Norwegerinnen bereits beim ersten Sonnenglitzern im Schnee nach einem »Freiluft-Pils«, zumal es ihnen beim Biertrinken nicht zwangsläufig um eine Abkühlung geht. Diese Aufgabe übernimmt bei uns die Natur, ganz ohne fremde Hilfe. Uns geht es darum zu feiern, dass der Sommer naht – endlich! Wie durch und durch norwegisch das *utepils* ist, lässt sich, wie schon bei der *solveggen* per Ausschlussverfahren zeigen: Ein tschechisches, deutsches, niederländisches oder dänisches Pendant gibt es nicht.

VÆRFAST [væ:rfast]
WETTERBLOCKIERT

Viele Länder prahlen damit, bei ihnen sei wettertechnisch besonders viel los. Texaner zum Beispiel, die wie wir Norweger mit den meisten Dingen angeben, raten Neuankömmlingen gern: »Wenn dir das Wetter nicht gefällt, warte einfach eine Viertelstunde.«

In dem urnorwegischen Wort *værfast* schwingt etwas Unabwendbares, Schicksalhaftes mit. Wird ein Schiff von einem Unwetter am Auslaufen gehindert, dann ist es *værfast*, zu Deutsch: Es steckt fest, aus Wettergründen. Jetzt bleibt einem nichts anderes übrig, als abzuwarten und Tee zu trinken, wovon Fischer und Seemänner ein Lied singen können. Mit den Wettergöttern verhandelt man nicht; man tut, was sie sagen, auch wenn sie vor lauter Sturm manchmal kaum zu hören sind.

Trotz seines sturen Charakters ist der Begriff erstaunlich geschmeidig. Das erkennt man an seinen vielfältigen Einsatzmöglichkeiten, deren Ausmaß uns erst im April 2010 so richtig klar wurde. Da nämlich gelang dem Vulkan Eyjafjallajökull (der sich unter dem 1666 Meter hohen, sechstgrößten Gletscher Islands befindet) genau das, wovon jeder Verbrecher hinter schwedischen Gardinen träumt: ein erfolgreicher Ausbruch.

Fast auf der ganzen Welt war der Flugverkehr lahmgelegt, denn mit der Asche waren Lavapartikel in mehrere Tausend Meter Höhe aufgewirbelt worden, die nun eine Gefahr für Jet- und Propellermotoren darstellten. Also mussten die Flieger am Boden bleiben, nicht nur in Europa und in den USA. Damit einhergehend entstand ein neues Wort: Tausende Passagiere saßen *askefast*, sie steckten aus Aschegründen fest, sozusagen die modernisierte Variante von *værfast.*

Hätte es motorisierten Flugverkehr schon hundert Jahre früher gegeben, wäre er damals von ähnlichen Vulkanausbrüchen stillgelegt worden. Im August 1883 wurde bei einer gewaltigen Eruption auf der kleinen Vulkaninsel Krakatau zwischen den indonesischen Inseln Sumatra und Java so viel Asche in die Atmosphäre geschleudert, dass noch viele Jahre tiefrote Sonnenuntergänge zu beobachten waren.

Das Phänomen ging vorüber, schlug sich jedoch in der Kunstgeschichte nieder: So heißt es, der unheimlich blutrote Nachthimmel in Edvard Munchs *Der Schrei* (1893) verdanke seine Farbe der Krakatau-Asche. Auch der britische Künstler William Ashcroft (1832-1914) malte in den 1880ern etliche Bilder mit auffällig gefärbtem Himmel, und aus fast allen Teilen der Erde existieren Berichte über den flammenden Nachthimmel zwischen (circa) 1883 und 1895. Der französische Schriftsteller Jules Verne, der im Übrigen Norwegen-Fan war, verwendete die Krakatau-Eruption in einem seiner Romane als Hintergrund für Kapitän Nemos Untergang und Tod.

Die rote Vulkanasche, genauer gesagt die Farbe, die sie den Sonnenuntergängen verlieh, findet sich auch in den Werken des Briten William Turner (1775-1851) wieder. Im Jahr 1816 war der Westhimmel in großen Teilen der Erde dunkelrot, was auf einen gewaltigen Vulkanausbruch im »niederländischen Indien«, dem heutigen Indonesien, zurückgeführt wurde, als große Aschemengen in die Erdatmosphäre gelangten. Die Folge waren Missernten in weiten Teilen der nördlichen Hemisphäre. Dass in Norwegen unmittelbar nach 1815 harte Zeiten herrschten, hing vermutlich mit Niedrigtemperaturen und kälteren, kürzeren Sommern zusammen. Die Bauern waren zwar nicht unbedingt *værfast* – die Wirtschaft aber schon.

Vieles deutet darauf hin, dass der Begriff eine Renaissance erleben könnte, mit erweitertem Gebrauchs- und Bedeutungsraum. Und kommt es tatsächlich dazu, gibt es wohl kaum jemanden, der diese Entwicklung willkommen heißt. Wir verwenden den Begriff *værfast* in erster Linie im Zusammenhang mit Schiffen, die wegen starken Windes in einem Hafen oder Schutzhafen feststecken. Auf einem guten zweiten Platz landen Skitouristen, die sich bei Unwetter in den Schnee eingraben oder in Hütten Zuflucht suchen müssen, wo sie dann fürs Erste festsitzen. Auch Autofahrer, die bei Schnee nicht weiterkommen, vor allem auf Fjellübergängen, bezeichnen wir als *værfast.* Für einen Wolkenbruch und Straßen, die unter Regenmassen verschwinden, benutzen wir das Wort jedoch nicht. Aber warum eigentlich? Immerhin sind die Straßen dann genauso unbefahrbar wie ein eingeschneiter Fjellpass. Außerdem sieht es ganz danach aus, als würde es in Zukunft mehr regnen. Häufiger, aber auch heftiger, und die Sprache passt sich bekanntlich der Entwicklung an – auch der meteorologischen.

HÅLKE ['hɔlːkə]
GLATTEIS

Hålke leitet sich ab vom dialektalen *hål*, was so viel wie »glatt« bedeutet. Trotzdem hat das Wort Bodenhaftung, will heißen: Es lässt sich nicht im übertragenen Sinne verwenden. Ist eine Person glatt im Sinne von aalglatt, ausweichend oder gewieft, würde man sie im Norwegischen niemals *hål* nennen.

Als *hålke* wird eine Eisfläche bezeichnet, die so rutschig ist, dass man kaum auf ihr stehen, geschweige denn gehen kann. Ungeübten, die nicht von Kindesbeinen an daran gewöhnt sind, wird das Eis schnell zum Verhängnis: Ein Gesundheitsproblem, dem in Norwegen viel zu wenig Beachtung geschenkt wird, sind Rückenleiden bei Einwanderern, die sich vor lauter Panik verkrampfen, wenn sie sich im Winter über vereiste Flächen bewegen. Vor allem in Oslo, denn in der Hauptstadt »sparen« die Behörden Gelder, indem die Gehsteige bei Schnee nicht geräumt werden. Wenn es dann taut oder regnet und der feucht gewordene Schnee aufs Neue gefriert, freut sich die Lokalbevölkerung über steinharte *hålke*. Und beschenken uns die Wettergötter außerdem mit einer hauchdünnen Schneedecke auf dem Eis, wird es noch viel rutschiger und heimtückischer.

Dementsprechend kommt es zu zahlreichen Unfällen und Beinbrüchen, die kostspielige Krankenhausaufenthalte und Krankengelder nach sich ziehen. Die Mittel dafür kommen vom *NAV* (siehe Seite 143) und nicht etwa vom jungfräulichen Absatz im kommunalen Haushaltsplan für die nicht existente Schneeräumung, auch wenn das die eigentliche Ursache ist.

Der Autoverkehr hat in Norwegen so sehr zugenommen, dass es auf viel befahrenen Straßen eher selten zu gediegener *hålke* kommt. Ein gewisser Prozentsatz der Autos ist nämlich mit Spikereifen ausgestattet, die das Eis zerbröseln. Nichtsdestotrotz bedarf es einer bestimmten Fahrtechnik, um auf vereisten Straßen zu überleben, und ausländische Autofahrer, die solche Straßenverhältnisse nicht gewohnt sind, verursachen bei Steigungen häufig ordentliche Staus – vor allem, wenn sie Lastwagen mit schlechten Reifen fahren.

Dass der norwegische Winter mitunter besondere Kenntnisse verlangt, lässt sich anhand einer *Times*-Reportage aus den Sechzigern illustrieren: Der erfahrene Autoreporter der renommierten Londoner Zeitung hatte von den damals noch neuartigen Spikereifen gehört und wollte sie unbedingt Probe fahren, um darüber zu schreiben. Gesagt, getan, und zwar mit ernüchterndem Ergebnis: Sein Daumen zeigte nach unten. Er war auf Glatteis gefahren (ein englisches Pendant zu *hålke* existiert nicht, dass es so gewesen war, ging jedoch aus dem Kontext hervor) und hielt die Spikereifen für völlig überbewertet, denn bei 130 km/h, so schrieb er, sei ihm der Wagen etwas »ruckelig« vorgekommen. Niemand hatte dem Guten erklärt – und eine Einsicht aus eigenen Kräften war ihm offenbar nicht vergönnt –, dass man auf *hålke* niemals 130 km/h fahren sollte, ganz gleich, wie der Wagen bereift ist.

SKI [ʃi:]

Dass der norwegische Winter nicht zwangsläufig ein Problem oder eine Bedrohung darstellt, sondern durchaus unser Freund sein kann, verdanken wir vor allem einem bestimmten Transportmittel: den Skiern. An vielen Orten auf der Welt ist das anders, wie auch der Chefkorrespondent des amerikanischen Senders CBS in seinem Abschlussresümee der Winterolympiade 1994 bemerkte. Um zu verstehen, warum ihn unsere Skikultur so faszinierte, muss man miterlebt haben, welche Panik eine Schneevorhersage in Washington oder New York verursacht, ganz zu schweigen von dem darauffolgenden Verkehrschaos.

Tatsächlich sind es vor allem die Beobachtungen von Nicht-Norwegern, die uns vor Augen führen, dass es kaum etwas Norwegischeres gibt als Ski. Dafür spricht allein das Wort, das sich in zahlreiche Sprachen ausgebreitet hat, wobei den jeweiligen Benutzern, ob Bewegungsfanatikern oder Philologen, nicht zwangsläufig klar ist, dass es schlicht und einfach »Holzstück« bedeutet. Das norwegische *ski* ist verwandt mit *vedski*, Holzscheit, wobei Letzteres vor allem eine Aufgabe hat: in Flammen aufzugehen. Dass hölzerne Skier von der Piste so gut wie verschwunden sind und der letzte »Holzski-Weltmeister« längst das Rentenalter erreicht hat, spielt in diesem Zusammenhang keine Rolle. Ursprung bleibt Ursprung, und der ist wie gesagt urnorwegisch. Und so kommt es, dass Ski auf Italienisch *sci* und auf Spanisch *esquís* heißen.

Das russische Wort klingt ganz anders, wobei die Russen mit dem Skifahren ebenfalls früh dran waren, vor allem in Sibirien. Im russischen Skimuseum, das in einer tristen Ecke des ethnographischen Museums in Sankt Petersburg versteckt liegt, sind ein Paar verwitterte, mit Luchspelz ummantelte Ski ausgestellt. Auch wenn sie wohl kaum so alt sind wie die norwegischen Felsmalereien, die Skiläufer zeigen, sehen sie ganz danach aus.

Damit zu den zwei Paradebeispielen in Sachen Skilauf: Beide haben ihren vornehmen Ursprung am Königlichen Dänischen Hof Schloss Amalienborg in Kopenhagen, und in beiden Fällen ging es darum, den Norwegern zu beweisen, dass man fähig und gewillt war, sich der norwegischen Natur und Gesellschaft anzupassen.

Da wäre zum einen Prinz Carl von Dänemark (1872-1957), der als Haakon VII., König von Norwegen, in die Geschichte einging. Er und seine britische Gemahlin, Königin Maud, kamen im November 1905 nach Oslo, und ihr neues Königreich hieß sie mit Schneematsch und Schlitterstraßen willkommen. Kaum war der zeremonielle Teil überstanden, hatte das Königspaar bereits einen Plan gefasst: Noch vor Jahresende wollten sie Skifahren lernen, und als Lehrer wurde Fridtjof Nansen engagiert. Wie erfolgreich ihre Bemühungen waren, ist umstritten, aber zumindest auf Bildern geben die beiden eine gute Figur ab. Die Botschaft dahinter hätten nicht mal die teuersten und folglich kompetentesten PR-Leute unserer Zeit besser formuliert: Hier hatte Norwegen ein Königspaar, das bereit war, alles für sein Land zu geben und sich in die Gesellschaft zu integrieren. Niemand wagte darüber zu spekulieren, wie rasch das Projekt gekentert wäre, wenn der neue König sich beim Skifahren genauso schlecht angestellt hätte wie in norwegischer Phonetik. Oder wenn Königin Maud nicht als sportinteressierte, »burschikose« Prinzessin aufgewachsen wäre, die sich voller Hingabe den Leibesertüchtigungen der englischen Oberschicht verschrieben hatte, und zwar lange bevor sie norwegische Königin wurde.

Beispiel Nummer zwei ist Henrik Kaufmann (1888-1963), weniger bekannt und ohne einen Tropfen königlichen Blutes in den Adern. Dafür war er Sohn eines Hofmarschalls in Amalienborg unter Frederik VIII., der wiederum Prinz Carls beziehungsweise König Haakons Vater war. 1932 wurde Kaufmann während der Grönlandkrise nach Oslo entsandt, und auch wenn das Verhältnis zwischen den einstigen »Zwillingsreichen« nicht unbedingt als gefährdet galt, war es durchaus leicht angeknackst.

Aber Kaufmann vollführte einen Geniestreich: Er besorgte sich ein Ferienhäuschen in Roa, und schon in seinem ersten Winter in Norwegen legte er auf Skiern so viele Kilometer zurück, dass er vom Norwegischen Skiverband mit der *distansemerke* ausgezeichnet wurde, einer Auszeichnung für besondere Skifertigkeiten. Bis 1906 hatten die Einwohner von Kristiania mit einer so seltenen Spezies wie den Diplomaten kaum Berührung gehabt und keinen der neuen Botschafter, erst recht keinen Dänen, je auf Skiern gesehen. Kaufmanns Skitalent und seine Hartnäckigkeit brachten ihm daher zahlreiche Schlagzeilen ein. Und eines war klar: Solche Dänen brauchte Norwegen! Auch zum Hof hatte Kaufman einen guten Draht; schon in Amalienborg war er sowohl König Haakon als auch Kronprinzessin Märtha begegnet, als sie noch Prinz Carl und Begleitung waren.

Kaufmanns Heldentaten auf Skiern sorgten allerorts für Begeisterung, nur nicht im Kopenhagener Außenministerium. Dort waren ausladende Stühle in dunklen Salons angesagter als norwegische Tannen und tiefer Schnee, und wenn Kaufmanns Kollegen und Vorgesetzte die Schilderungen seiner Skitouren lasen, runzelten sie missmutig die Stirn und fragten sich, wann er Zeit für Sinnvolles fand, wenn er doch ständig durch die norwegischen Wälder sauste.

Trotzdem kam Kaufmann gut zurecht, und nichts deutet darauf hin, dass er seine Karriere dem sprichwörtlichen Vitamin B zu verdanken gehabt hätte: Im Spätsommer 1939 wurde er als Botschafter nach Washington entsandt, wo er die neunzehn Jahre bis zu seiner Pensionierung blieb. Sein Häuschen in Norwegen ersetzte er durch eine Skihütte in den Schweizer Alpen und taufte diese mit doppeldeutiger Finesse auf den Namen »Château Roa«. Dort feierte er kurz vor einer schweren Erkrankung auch noch seinen fünfundsiebzigsten Geburtstag, Skitouren inklusive.

Offensichtlich hatte er Norwegen bis zu seinem Tod im Herzen getragen.

Aber was haben diese zwei Dänen mit norwegischer Skisentimentalität zu tun? Nun ja: Der aus Dänemark stammende Prinz, der später fünfzig Jahre lang als norwegischer König regieren sollte, und der Diplomat hatten die Augen aufgesperrt und kapiert, was in Norwegen mehr als alles andere zählt. Wer heute nach Norwegen kommt, erlangt diese Erkenntnis auf weniger kräftezehrende, aber dafür auch weniger inspirierende Weise. So kann man zum Beispiel die langen, dunklen und spiegelglatten Winter darauf verwenden nachzuzählen, wie viele Stunden im norwegischen Fernsehen Skirennen übertragen werden.

Dabei (aber auch wenn man die Nachrichten aus Politik und Wirtschaft verfolgt) taucht mit Sicherheit früher oder später der tiefsinnige norwegische Ausdruck kladdeføre, »klebriger Untergrund«, auf. Der wird nicht nur im Zusammenhang mit schlecht präparierten Skiern verwendet, wenn sie nicht gut gleiten, sondern auch im übertragenen Sinn, wenn etwas nicht reibungslos klappt. Äußerst präzise fängt der Begriff die ernüchternde Erkenntnis ein, dass im Leben nicht alles nach Plan läuft, und auch wenn man manchmal selbst nicht ganz unschuldig daran ist, spielen in der Regel die Missgunst anderer oder sogar feindlich gesinnter Kreise und Kräfte eine wichtige Rolle.

Und dass man nicht die alleinige Schuld an einem Misserfolg trägt, gibt dem *kladdeføre* doch durchaus etwas Tröstliches.

Ganz anders war es bei einem weiteren Nicht-Norweger, der lernen musste, wie wichtig es ist, die Kunst des Skisports zu beherrschen, wenn man Norwegern imponieren möchte. Es nahm zwar kein gutes Ende für ihn, aber immerhin ging er in die norwegische Literaturgeschichte ein. Die Rede ist von Walter Kunze, den der Liedermacher und Radiomann Otto Nielsen (1909-1982) im Lied *Det har vi* (Das haben wir) verewigte. Der Literaturhistoriker Francis Bull bürgte seinerzeit höchstselbst dafür, dass es sich bei dem Werk um Literatur auf höchstem Niveau handele, auch wenn der sprachliche Ausdruck recht simpel sei, von der Melodie einmal ganz zu schweigen. Nielsen hatte das Lied in einer halben Stunde geschrieben, was Bull, der die Uraufführung bezeugte, offenbar wusste. Nielsens Tochter sagte einmal über das Lied: »Vater hatte die Idee an einem Wintertag im Häftlingslager Grini und schrieb sie sofort nieder.«

Det har vi schildert die unvergleichlichen »Privilegien«, die Gefangenen im Zweiten Weltkrieg in Grini zuteilwurden. In einem Vers geht es ums Skifahren, »wir Norweger gegen den Rest«, heißt es da. Die Gefangenen durften nämlich die kläglichen Skifahrversuche des grobschlächtigen, brutalen Lagerkommandanten Walter Kunze beobachten, was zu allgemeiner Belustigung führte:

»... aber wer hat Kunze auf Skiern gesehen?

Das haben wir, das haben wir, die draußen haben das nicht,

o nein, es muss schrecklich sein, da draußen im Freien.«

Ski sind eben nur was für Norweger.

HYTTA ['hyt:a]

FERIENHÄUSCHEN

»Eigentlich hat jeder Norweger ein Ferienhäuschen.« Das behauptete eine norwegische Schauspielerin einmal in einem Interview in den Siebzigern, als sie zu Norwegen, der norwegischen Bevölkerung und norwegischer Lebensart befragt wurde. Sie lehnte sich damit ziemlich weit aus dem Fenster, aber heute, gut vierzig Jahre später, wirkt die Aussage schon weniger übertrieben. In den letzten Jahren hat sich die Anzahl norwegischer Ferienhäuser vervielfacht, wobei die Regionen Oppland und Buskerud den fruchtbarsten Boden aufweisen. Das Zentralbüro für Statistik, das quasi alles über die Norwegerinnen und Norweger weiß und dieses Wissen in die Welt trägt, zählte im November 2014 sage und schreibe 449.000 Ferien- und Freizeithäuser. Damit kommt ein Häuschen auf jeden elften Norweger. Bleibt die Frage, wie viele Familien mehr als eins besitzen und wie viele der fast eine halbe Million Ferienimmobilien Unternehmen gehören, die sie günstig an ihre Mitarbeiter vermieten. Des Weiteren gilt es, die Norweger zu berücksichtigen, die Ferienhäuser in Schweden haben. Hinzu kommen Freizeitimmobilien in Berlin, Frankreich, Spanien und Südafrika. Sicher, um Ferienhäuschen im norwegischen Stil handelt es sich dabei nicht, aber der erweiterte Hüttenbegriff findet auch Anwendung bei den Norwegern, die es zu Herbstbeginn in »ein wärmeres Land« oder die »Hütte im Süden« zieht – womit im Zugvogelsprech womöglich ein Domizil im sonnigen Kapstadt gemeint ist.

Die Komplexität des norwegischen Bedürfnisses nach Ferienhäusern wurde mir in den neunziger Jahren eindrücklich vor Augen geführt. Ein amerikanischer Kollege kam aus New York, um eine Reportage über die norwegische Mentalität und Lebensweise zu schreiben. Ich nahm ihn mit zu einem verwandten Ehepaar nach Trøndelag, das in einem großen Haus mit Blick auf Fjord, Wald und Felder und mit mindestens hundert Metern Abstand zum nächsten Nachbarn lebte. Irgendwann zeigten meine Verwandten den Gästen (mein Bekannter hatte auch einen Fotografen mitgebracht) Bilder von ihrem Fjellhäuschen.

»Aber wozu brauchen Sie ein Ferienhäuschen, wenn Sie so wohnen?«, fragte einer der zwei Männer, die an ein Leben auf engstem Raum in den Wolkenkratzern Manhattans gewohnt waren. Die Frage zu beantworten war ein kniffeliges Unterfangen, und es half auch nichts, dass die Gastgeber Pädagogen waren. Den Amerikanern wollten sich die Reize des Hüttenlebens nicht so recht erschließen. Auch dann nicht, als meine Verwandten ihnen vorschwärmten, wie herrlich abgeschieden ihr Fjellhäuschen liege, mitten in der Natur, bei Schnee könne man nicht mal mit dem Auto vorfahren, und fließendes Wasser gebe es auch nicht. Aber noch viel besser hätten es natürlich die Nachbarn, denn die hatten auch keinen Strom.

Dass diese Anekdote aus dem letzten Jahrhundert stammt, ist offensichtlich. Heute sind die prosaisch Veranlagten unter uns, selbst die urnorwegischsten, längst nicht mehr so angetan von Holzöfen oder Paraffinlampen. Hausfrauen, die ihre Blütezeit bereits hinter sich haben und ein Lied davon singen können, wie sehr das Hüttenleben das Wochenpensum einer hart schuftenden Frau strapaziert, blicken eher unsentimental auf diese Zeit zurück.

Sonntagabend: Rückkehr aus dem Ferienhäuschen, die Kinder sind todmüde. Montagnachmittag: Koffer auspacken, Wäsche machen. Dienstag: Organisationsbeginn, Einkäufe erledigen, Zubereitung der Mahlzeiten, die am Wochenende in der primitiven Hüttenküche aufgewärmt werden. Bis Donnerstagabend müssen die Vorbereitung abgeschlossen sein, schließlich gilt es, am Freitag in aller Herrgottsfrüh aufzubrechen, um so viel wie möglich aus dem Wochenende im Feriendomizil herauszuholen.

Im Laufe der Zeit bekamen die Ferienhäuschen moderne Küchen inklusive Elektroherd und vielleicht sogar eine Spülmaschine. Man verabschiedete ohne viel Wehmut das Plumpsklo und verlegte Wasserleitungen.

Bis dato waren es fast immer Männer gewesen, die zu den so einzigartigen wie urnorwegischen Vorzügen des primitiven Hüttenlebens befragt wurden. Denn wer konnte sich besser darüber äußern als jemand, der die meiste Zeit in seinem Lieblingssessel saß und sich nur zum Essen rufen oder wecken ließ. Frauen wurden zu dieser Form der Arbeitsteilung nicht gehört, und vermutlich hätten die meisten die wilde Romantik, die eine Familie (oder besser, die Hausfrau) in einer Küche ohne moderne Hilfsmittel erwartet, kaum vermisst. Vielleicht wird die vollständige Befreiung der Frau nie erfolgen, nicht mal in der heutigen Gesellschaft, aber zumindest wurden in den siebziger Jahren im Fjell und an der Küste große Schritte in die richtige Richtung gemacht. Manche Frauen maßen diesen Fortschritt mitunter daran, dass sie leichter Gehör für die Anschaffung moderner Haushaltsgeräte fanden, als den Männern aufging, dass sie wohl ab und an in der Küche mithelfen sollten.

Dennoch hat die Demokratisierung des Hüttenlebens noch ein gutes Stück vor sich, denn die komfortabelsten Ferienhäuschen auf den prächtigsten Grundstücken gehören natürlich Leuten, deren Kontostand eine gewisse Anzahl Nullen verzeichnet. Aber um eine eher soziologische Seite des Hüttenlebens zu beleuchten, hier eine Episode aus dem Jahr 1960:

Im Mai desselben Jahres feierte die Zeitung *Aften-*

posten ihr hundertjähriges Jubiläum, und zwar mit einem Bankett in der Njårdhallen – dem einzigen »Festlokal« in Oslo, in dem bis zu dreitausend Menschen Platz finden. Neben den rund tausend Angestellten aus Verwaltung, Redaktion und Produktion sollten nämlich auch die Zeitungsboten an den Feierlichkeiten teilnehmen. Eine der zahlreichen Reden hielt ein Repräsentant der Eigentümerfamilie (die Zeitung ging erst viele Jahre später an die Börse), Direktor Hans J. Riddervold, der verkündete, wie das Unternehmen seinen Mitarbeitern für ihren Einsatz danken wollte. Die Geschäftsführung habe beschlossen, den Angestellten und deren Familien zehn Ferienhäuser im Fjell zur Verfügung zu stellen. Großer Jubel und Applaus.

Dann fuhr Riddervold fort, Urlaub im Fjell sei ja nicht jedermanns Sache, weshalb den Angestellten außerdem zehn Häuser an der Küste zur Verfügung gestellt würden. Noch größerer und längerer Applaus. Doch Riddervold war noch nicht fertig: Der eine oder andere wünsche sich vielleicht einen Kompromiss, also werde es auch zehn Häuser auf halber Strecke zwischen Küste und Fjell geben.

Ehe zum dritten Mal Applaus losbrach, meldete sich der Vorsitzende des Betriebsrats der Grafiker zu Wort, Elling Sannerud, ein prinzipientreuer, kompetenter und eloquenter Gewerkschaftsvertreter und Mitglied der Kommunistischen Partei, der ein paar gesundheitsschädigende Jahre als Häftling in Sachsenhausen zu viel auf dem Buckel hatte: »Dann ist dieser vermaledeite Kapitalismus ja doch zu was gut!«

Zu dem Zeitpunkt war die *Aftenposten* noch immer ein patriarchales Unternehmen, ganz im Geiste des Gründers Amandus Schibsted, aber bei Weitem nicht das einzige in Norwegen, das seinen Mitarbeitern Boni dieser Art finanzierte. Auf diese Weise durften viele Norweger die Vorzüge eines Ferienhäuschens kosten, auch wenn die meisten nur davon träumen konnten, eine Freizeitimmobilie ihr Eigen zu nennen.

Schließen wir diese Menschen ebenfalls in die Rechnung mit ein, kommen wir der Aussage »Jeder Norweger hat ein Ferienhäuschen« schon ein gutes Stück näher.

Damit sind wir bei Wörtern wie *hjemmekos* und *hyttekos*, der Gemütlichkeit im trauten Heim oder in der trauten Hütte, dem norwegischen Pendant zur derzeit allgegenwärtigen dänischen *Hygge*. Das Adjektiv *hjemmekoselig* ist unübersetzbar und hat mit einer anderen, vermutlich dem Klima geschuldeten norwegischen Eigenheit zu tun: In unseren Breitengraden lädt das Wetter eher selten dazu ein, sich unter freiem Himmel aufzuhalten. Umso wichtiger ist es, dass man es sich drinnen gemütlich macht, eben *hjemmekoselig*, und deshalb geben sich die meisten Norweger große Mühe, ihr Zuhause dementsprechend zu gestalten. Dafür braucht man natürlich genügend Platz – ein kostbares Gut in einer Gesellschaft mit weniger Wohnfläche als Einwohnern – sowie das Talent und den Willen, seine Umgebung aufzuhübschen. Renovierungsprojekte wiederum setzen Planungsvermögen und Handlungskraft (genau wie bei den bereits erwähnten Polarfahrten!) voraus. Nirgendwo werden Wohnungen, Häuser und Hütten so exzessiv renoviert wie in Norwegen. Nicht, dass eine internationale Statistik darüber geführt würde, aber ein Indiz ist die Vielzahl norwegischer Geschäfte, die alles verkaufen, was das Herz fürs Ausbauen, Instandhalten und Modernisieren begehrt. Auch die Dichte mehr oder weniger kompetenter Amateurhandwerker und deren Aktivitätsniveau sprechen Bände. Aber damit nicht genug: Der Glaube an die magische Kraft der Renovierung fand einst auch auf politischer Ebene denkwürdigen Ausdruck.

Anfang der 1980er war Svenn Stray Außenminister unter Kåre Willoch. Im Rahmen einer Dienstreise in den Nahen Osten besuchte er ein palästinensisches Flüchtlingslager in Jordanien. Das war zu hochbrisanten Zeiten, als Israelis nicht selten Attentate auf diese Lager verübten. Die Lebensbedingungen waren katastrophal, es war mitten im Winter, und der Regen war genauso kalt wie der Schlamm rings um die offenen Abwasserkanäle.

Ein Reporter vom Norwegischen Radiosender NRK,

Odd Karsten Tveit, fragte den Außenminister, ob das alles nicht ziemlich schrecklich und ungemütlich aussehe. Stray antwortete auf die Suggestivfrage in beschwingtem südnorwegischem Dialekt: »Doch, doch. Bestimmt sähe es hier viel besser aus, wenn man mal ordentlich renovieren würde.«

VINMONOPOLET [ʋiːn monoˈpoːlə]

DAS WEINMONOPOL

Die sogenannte Nordische Zusammenarbeit, organisiert durch den Nordischen Rat und die Foreningen Norden, ein in den nordischen Ländern vertretener Verein zur Förderung der kulturellen und politischen Zusammenarbeit, hatte gewiss einige Probleme mit der Globalisierung und der Entstehung der Europäischen Union. Eines jedoch haben Norwegen und die EU-Mitglieder Schweden und Finnland gemeinsam: Alle drei Länder haben ihrerseits beschlossen, den Verkauf von Wein und Schnaps staatlich zu regulieren. In Norwegen zeichnet dafür die Aktiengesellschaft *Vinmonopolet* verantwortlich, die, wie der Name schon sagt, das Monopol für den Verkauf von alkoholhaltigen Getränken mit mehr als vier Komma sieben fünf Prozent hat.

In den Sechzigern, also vor rund einem halben Jahrhundert, waren die Vinmonopolet-Filialen derart bieder eingerichtet, dass niemand auf die Idee gekommen wäre, dort gäbe es Waren zu kaufen, die schlimmstenfalls zu gehobener Stimmung führen könnten. Sicher, Alkohol hat nicht immer diese Wirkung. Aber immer öfter. Die Verkäufer trugen nüchterne graue Lagerkittel, und genauso freudlos muteten die langen Schlangen vor dem Eingang an, die bis weit in die siebziger

Jahre hinein regelmäßig von der Polizei beäugt wurden. Einem Bekannten von mir, einem in Dänemark geborenen Norweger, liegt die bedrückende Atmosphäre bis heute dermaßen schwer im Magen, dass er keinen Fuß ins Vinmonopolet setzt. Bei einem empfindsamen Menschen wie ihm brannte sich der Anblick der Polizisten tief in die Netzhaut ein, ebenso wie der strenge Blick der Verkäufer, und der Besuch des Vinmonopolet fühlte sich an wie eine Beichte ohne Hoffnung auf Vergebung: Man wurde dort über noch nicht begangene Sünden aufgeklärt, mit denen man seine Seele beschmutzen würde, allerdings ohne danach erlöst zu werden.

Wären die Fähren zwischen Norwegen und Dänemark und die wuseligen Duty-Free-Shops am Flughafen nicht gewesen, hätte besagter loyaler Norweger ganz schön alt ausgesehen, auch wenn es seit 1999 immer mehr Vinmonopolet-Filialen mit Selbstbedienung gibt.

Als Institution ist das Vinmonopolet ein Relikt der Prohibition. Nach einer Volksabstimmung im Herbst 1919 wurde das Branntweinverbot eingeführt. Danach durfte lediglich Wein verkauft werden. Im Spätherbst 1922 wurde das Vinmonopolet ins Leben gerufen, und schon bald waren die unbeabsichtigten Folgen zu spüren: Als Erstes kam der Alkoholschmuggel – literarisch aufgearbeitet in Arthur Omres Roman *Der Schmuggler*. Omre war selbst Schmuggler gewesen und wusste sehr genau, worüber er schrieb. Zweitens mündete das Verbot in Exporteinbußen von norwegischem Fisch nach Spanien, Frankreich und Portugal, als die Länder keinen Alkohol mehr nach Norwegen verkaufen konnten. Drittens wurde immer öfter zu Hause Schnaps gebrannt und Likörwein hergestellt – wobei Letzteres legal war. Viertens gab es bei vielen Ärzten Schnaps auf Rezept – natürlich aus rein medizinischen Gründen.

Schon 1923 wurde das Importverbot von Likörwein und Bier wieder aufgehoben. 1926 führte eine neuerliche Volksabstimmung dazu, dass auch das Branntweinverbot annulliert wurde. Der Import war wieder legal, und der Klippfischexport nach Portugal feierte den herbeigesehnten Aufschwung.

Die Ergebnisse dieser Volksabstimmungen sind ein weiteres Indiz dafür, dass es König Harald I. seinerzeit nicht gelungen war, Norwegen als Reich zu vereinen. Der Legende nach hatte Harald geschworen, sich die Haare weder zu scheren noch zu kämmen, ehe er sich ganz Norwegen angeeignet hätte. Doch offensichtlich hatte der gute König Schönhaar seine Haarpracht zu früh gestutzt. 1919 stimmten achtundachtzig Prozent der Wahlberechtigten in Møre und Romsdal für das Verbot. In Rogaland fiel das Ergebnis fast identisch aus. In Oslo hingegen stimmten nur einundzwanzig Prozent für das Verbot. Als es sieben Jahre später wieder aufgehoben wurde, hatten sich in Møre und Romsdal siebenundsiebzig Prozent für die Beibehaltung des Verbots ausgesprochen, in Oslo nur dreizehn Prozent. »Stadt und Land, Hand in Hand.«

Die regionalen Unterschiede wurden vor allem 1991, also drei Generationen später, offensichtlich. Da nämlich wurden allein in Sogn und Fjordane, bis dahin der einzige Bezirk ohne Vinmonopolet, drei Filialen eröffnet. Zwischen 1960 und 1993 stieg die Anzahl der Filialen landesweit von 59 auf 110 an.

Laut norwegischem Gesetz darf Alkohol nicht mit der Post, sondern nur per Fracht verschickt werden. Als es noch verhältnismäßig wenige Filialen in Norwegen gab, führte dies dazu, dass an den Busbahnhöfen im Land regelmäßig und vor allem an Freitagnachmittagen folgende Frage zu hören war: »Ist ein Paket aus der Stadt für mich gekommen?«

TUR [tʉːr]

WANDERTOUR

Zu den Fragen, die für norwegische Ohren nicht gerade intelligent klingen, zählt zum Beispiel diese hier (ihr schwedischer Urheber hätte es wahrscheinlich verdient, anonym zu bleiben, aber sei's drum, sie stammt von Alvar Alsterdal, 1926-1991, Journalist, Schriftsteller, Diplomat und zugleich kritischer, aber leidenschaftlicher Norwegenfan): »Aber was *macht* ihr eigentlich bei einer Wandertour?«

Kein Norweger will über so eine Frage nachdenken, geschweige denn sich zu einer Antwort herablassen müssen.

Aber wagen wir einen Versuch: Womöglich hilft es, auf noch größere Denker als die Norweger zu verweisen, sofern man welche findet. Die Philosophen im antiken Griechenland zum Beispiel gingen ständig spazieren, nicht nur, wenn sie sinnierten, sondern auch, wenn sie Vorlesungen hielten. Auch ihr britischer Kollege Bertrand Russell war fest davon überzeugt, dass ein Gedanke sich nie so klar und präzise fassen lässt wie bei einem Spaziergang. Und der amerikanische Präsident Harry Truman legte großen Wert auf seinen täglichen »constitutional« – ein Spaziergang mit Hut, Frack und Stock. Seine Gattin hatte nichts dagegen, denn so hockte er nicht nur mit seinen Pokerfreunden im Weißen Haus, sondern bekam draußen Bewegung und frische Luft. Truman war ebenfalls der Meinung, es tue Körper und Kopf gleichermaßen wohl, sich regelmäßig die Beine zu vertreten, und fürs Pokern bliebe trotzdem noch genug Zeit.

Dass Wanderungen im Freien in jeglicher Hinsicht gesund seien, fand auch der norwegische Dichter und Wandersmann aller Wandersmänner Aasmund Olavsson Vinje. In seiner Kindheit hatte es ihm zwar nie an frischer Luft und Bewegung gefehlt, aber dafür hatte er sich als Hütejunge im Fjell oft gelangweilt. Trotzdem führte ihn seine allerletzte Wanderung noch einmal zurück ins *fjellheimen* (siehe Seite 85). Er war todkrank, womöglich ohne es zu wissen, und kam nicht weiter als nach Gran in Hadeland, etwa siebzig Kilometer südlich von Oslo, an Willenskraft war das Vorhaben jedoch nicht gescheitert.

Aber nicht alle Dichter und Denker ließen sich von der Natur begeistern. So bezeichnete der dänische Schriftsteller und Lebemann Poul Henningsen die Natur als »billigen Scheiß«, und Herman Wildenvey, einer der meistgelesenen norwegischen Lyriker des zwanzigsten Jahrhunderts, verspottete seinen naturliebenden Kollegen Theodor Caspari in einem leider recht unbekannten Gedicht schon in der ersten Zeile mit: »Sei gegrüßt, du wollgrasbekränzter Poet.«

So philosophisch veranlagt wie Sokrates oder Bertrand Russell waren die norwegischen Wanderer natürlich kaum, noch nicht einmal Caspari. Wir müssen nur in die ersten Jahre nach dem Krieg zurückblicken, um Menschen zu finden, die in Norwegen auf dem Land, also in den besten und schönsten Wandergebieten der Welt, lebten, aber nie einen Gedanken daran verschwendeten, nur um des Wanderns willen zu wandern. Das Leben war hart und die Arbeit anstrengend, schließlich hatte man auf norwegischen Bauernhöfen nie die Vierzig-Stunden-Woche eingeführt – weshalb Touristen, die genug Zeit hatten, einfach so herumzuspazieren, schief angesehen wurden.

Ein Bekannter hat mir einmal von einer alten Tante in einem norwegischen Fjelldorf berichtet, einer hart arbeitenden Frau, die nie einen Sinn im Wandern sah. Trotzdem trieb es sie häufig in die Berge, zum Beispiel, um Beeren zu pflücken (norwegische Moltebeeren wachsen immer ein gutes Stück von der Zivilisation entfernt), zu jagen oder Schafe zu hüten. Fjellwanderungen zum Spaß wären ihr jedoch nie eingefallen, das wäre uninteressant und sinnlos gewesen.

In der modernen Gesellschaft hingegen werden immer mehr Arbeiten im Sitzen ausgeführt, und heute ist das Bedürfnis nach Frischluft vermutlich viel stärker in unseren norwegischen »mentalen Genen« verankert, die Evolutionsbiologen auch als »Meme« bezeichnen.

Doch von Gesundheitsaposteln, dem Wissen um die Bedeutung körperlicher Betätigung und immer besseren Wanderschuhen einmal abgesehen: Die Anzahl derer, die der Gedanke an eine ganztägige Wandertour abschreckt oder zumindest kaltlässt, scheint stetig zu steigen.

Ist vielleicht der kleine norwegische Begriff *hjemmekos* (siehe Seite 184) gerade dabei, den Platz einzunehmen, den die Wandertour bisher innehatte?

CHRONOLOGISCHES REGISTER

ALPHABETISCHES REGISTER

LITERATURHINWEISE

Bjørnstjerne Bjørnson: Arne. Aus dem Norwegischen von Mathilde Mann. Leipzig o.J.

Thorbjörn Egner: Die Räuber von Kardemomme. Aus dem Norwegischen von Thyra Dohrenburg, James Krüss und Hinrich Schmidt-Henkel. München 1996.

Henrik Ibsen: Peer Gynt. Ein dramatisches Gedicht. Aus dem Norwegischen von Hermann Stock. Stuttgart 2000.

Erling Kagge: Gehen. Weiter gehen. Aus dem Norwegischen von Ulrich Sonnenberg. Berlin 2018.

Erling Kagge: Stille. Ein Wegweiser. Aus dem Norwegischen von Ulrich Sonnenberg. Berlin 2017.

Rolf Jacobsen: Nachtoffen. Ausgewählte Gedichte. Übersetzt und herausgegeben von Klaus Anders. Berlin 2017.

Lars Mytting: Der Mann und das Holz. Aus dem Norwegischen von Günther Frauenlob und Frank Zuber. Berlin 2014.

Perfekte Tage im schillernden Norden

Zwei fantastische Städte in einem Band: Oslo begeistert mit nordischem Künstlerflair und exzentrischer Kulinarik. In Bergen schlendern wir stundenlang durch schmale Gassen. Gemeinsam liefern die Städte einen schillernden Eindruck des hohen Nordens.
In Oslo starten wir mit einem Morgenspaziergang durch den Vigelandpark in den Tag und besuchen anschließend das gleichnamige Museum. Dann geht es früh ins Bett – denn morgen treten wir die atemberaubende Überfahrt nach Bergen an …
Mit zahlreichen Fotografien des Autors und Illustrationen

Knut Hoem, Oslo und Bergen – Lieblingsorte. insel taschenbuch 4698. 220 Seiten.

NF 448/1/2.19

Die schönsten norwegischen Märchen in einem Band

Es rauschen die dunklen Wälder des Nordlandes, es faucht der Wind über die Berge, es tobt das Meer an den zerfurchten Küsten und Fjorden, wo Trolle spuken, die den Menschen das Leben erschweren und ihnen allerlei Streiche spielen. Doch noch listiger sind die Trollweiber, und sie haben zahlreiche Helfer – Tiere, Vögel und Naturkräfte –, die nur ein richtiger Held wie der Aschenper bezwingen kann ...
Die norwegischen Märchen nehmen die Leser mit auf abenteuerliche Segelfahrten und entführen sie in die wilde Natur der skandinavischen Halbinsel.

Angeregt durch die Brüder Grimm, begannen in Norwegen die beiden Freunde Peter Christen Asbjørnsen (1812-1885) und Jørgen Moe (1813-1882) die Märchen ihrer Heimat zu sammeln und aufzuzeichnen. Aus ihrer 1841 bis 1851 erschienenen Sammlung schöpft die vorliegende Ausgabe.

Die schönsten norwegischen Märchen. Herausgegeben und aus dem Norwegischen von Hans-Jürgen Hube. insel taschenbuch 4700. 231 Seiten.

NF 447/1/2.19

Eine berührende Familiengeschichte und ein wunderbarer Roman über einen fernen Ort, an dem das Leben eigenen Gesetzen gehorcht

Norwegen, Anfang des 20. Jahrhunderts, auf einer kleinen Insel weit oben im Norden. Für Hans und Maria Barrøy ist das abgelegene Eiland der Mittelpunkt der Welt. Sie leben mit ihrer Familie von dem, was der karge Boden und das wilde Meer ihnen bescheren. Sie träumen von einem leichteren Leben, doch fortgehen von der Insel, das kommt nicht in Frage. Auch nicht für Ingrid, die einzige Tochter. Dem wachen, wissbegierigen Mädchen ist das Leben mit den Gezeiten, den Fischen und Vögeln, dem Horizont und dem weiten Himmel in Fleisch und Blut übergegangen. Das Meer ist ihr Abenteuer, die Insel ihre Festung. Doch als auch dort in der Abgeschiedenheit neue Zeiten Einzug halten, sieht Ingrid sich vor ungeahnte Herausforderungen und eine ungewisse Zukunft gestellt …

Roy Jacobsen, In jenen hellen Nächten. Roman. Aus dem Norwegischen von Gabriele Haefs und Andreas Brunstermann. insel taschenbuch 4386. 269 Seiten

NF 262/1/7.15